# Vorwort

Liebe Leser,

mein Name ist Wolfgang Pade und Reisen ist meine große
Leidenschaft, bereits mit vierzehn Jahren reiste ich, mit
gleichaltrigen Freunden, allein durch Europa, mit sechzehn
waren alle Länder Europas und Nordafrikas mehrfach besucht.

Egal ob mit dem Zug, Bus, Auto, Motorrad, Flugzeug,
Schiff, Segelboot oder Kreuzfahrtschiff, ich wollte hinaus
in die Welt, um mir diese anzuschauen, es spielte für mich
keine Rolle ob ich im Zelt, einem fünf Sterne Hotel oder
auf einem Segelboot, bzw. Kreuzfahrtschiff nächtigte.

Erleben wie es wo anders auf der Welt zu geht, Landschaften
bestaunen, Tiere beobachten und Menschen kennenlernen,
so wie deren Gebräuche, Kulturen und Lebensart zu erkunden.
Das faszinierte mich schon mein ganzes Leben lang, das war
meine Motivation, mein Antrieb, so bereiste ich inzwischen
alle Kontinente, viele ferne Länder, mit fremdartigen Kulturen,
gänzlich anderen Glaubensrichtungen, anderen Lebens-
einstellungen, so wie auch mit deutlich unterschiedlichen,
aber interessanten Essgewohnheiten.

Inzwischen bin ich etwas älter geworden und arbeite
als Ingenieur in einem großen Konzern. Seit dem sieben-
undzwanzigsten Lebensjahr bin ich mit meiner Frau
Silvia verheiratet, gemeinsam haben wir zwei Söhne.

Hier wird das Erlebte auf einer tollen Motorradreise durch Italien bis Malta, aus Sicht eines Bikers, berichtet.

Die Motorradtour startet in Illingen bei Stuttgart und führt über Kötschach-Mauthen in Österreich nach Italien an die Adria nach Lido di Jesolo. Nach einer schönen Altstadtbesichtigung Venedigs geht es weiter nach Tignale an den Gardasee. Dieser wird einmal umrundet und eine echte Off-Road-Tour zum Ledrosee unternommen. Im Anschluss daran wurden die Städte Genua, Pisa und Civitavecchia besichtigt, um anschließend die Weltstadt Rom ausgiebig zu besuchen. Weiter geht es danach in die südliche Großstadt Neapel und die schöne Stadt Bari in Apulien. Die ländliche und für Motorradfahrer bestens geeignete Gegend von Kalabrien wird bereist und Station in der romantischen Stadt Tropea gemacht. Hier wird u.a. eine tolle Überlandfahrt durch das ursprüngliche Hinterland von Kalabrien, von einer zur anderen Meerseite, ausgeführt. Von Tropea aus verläuft die Motorradreise ans Ende des Festlandes von Italien, um dort nach Messina auf Sizilien überzusetzen. Dann wird die Fahrt zum größten Vulkan Europas, der natürlich auch besichtigt wird fortgesetzt. Vom Ätna geht es zur Stadtbesichtigung in die geschichtsträchtige Stadt Catania. Vom südlichsten Punkt auf Sizilien setzte ich im Hafen von Pozzallo mit der Fähre nach Malta über. In der historisch befestigten Hafen- und Hauptstadt Valletta bleibe ich ein paar Tage, um die schöne Altstadt, so wie die gigantische Befestigungsanlage zu besuchen und mich ein wenig auf die Rückfahrt vorzubereiten. Dieser Reisebericht enthält 11 Farbseiten und ausführliches Kartenmaterial der durchgeführten Motorradtour. Ich hoffe sie haben Interesse bekommen und möchten mein Buch lesen, dazu wünsche ich viel Freude.

Wolfgang Hans Werner Pade

# Motorradreise
# Italien bis Malta

## Reiseverlauf

1. **Illingen bei Stuttgart**  Deutschland
2. **Kötschach-Mauthen**  Österreich
3. **Lido di Jesolo an der Adria**  Italien
4. **Venedig in Venetien**  Italien
5. **Tignale am Gardasee**  Italien
6. **Genua in Ligurien**  Italien
7. **Pisa in der Toskana**  Italien
8. **Civitavecchia in Latium**  Italien
9. **Rom Italiens Hauptstadt**  Italien
10. **Neapel in Kampanien**  Italien
11. **Bari in Apulien**  Italien
12. **Tropea in Kalabrien**  Italien
13. **Messina auf Sizilien**  Italien
14. **Catania auf Sizilien**  Italien
15. **Pozzallo auf Sizilien**  Italien
16. **Valletta auf Malta**  Malta
17. **Illingen bei Stuttgart**  Deutschland

**Autor:  Wolfgang Hans Werner Pade**

**Bibliografische Information der Deutschen Nationalbibliothek:**
Die Deutsche Nationalbibliothek verzeichnet diese Publikation
in der Deutschen Nationalbibliografie; detaillierte bibliografische
Daten sind im Internet über http://dnb.dnb.de abrufbar.

# Motorradreise
# Italien bis Malta

**Herstellung und Verlag:**
BoD - Books on Demand, Norderstedt
ISBN: 9783754346563

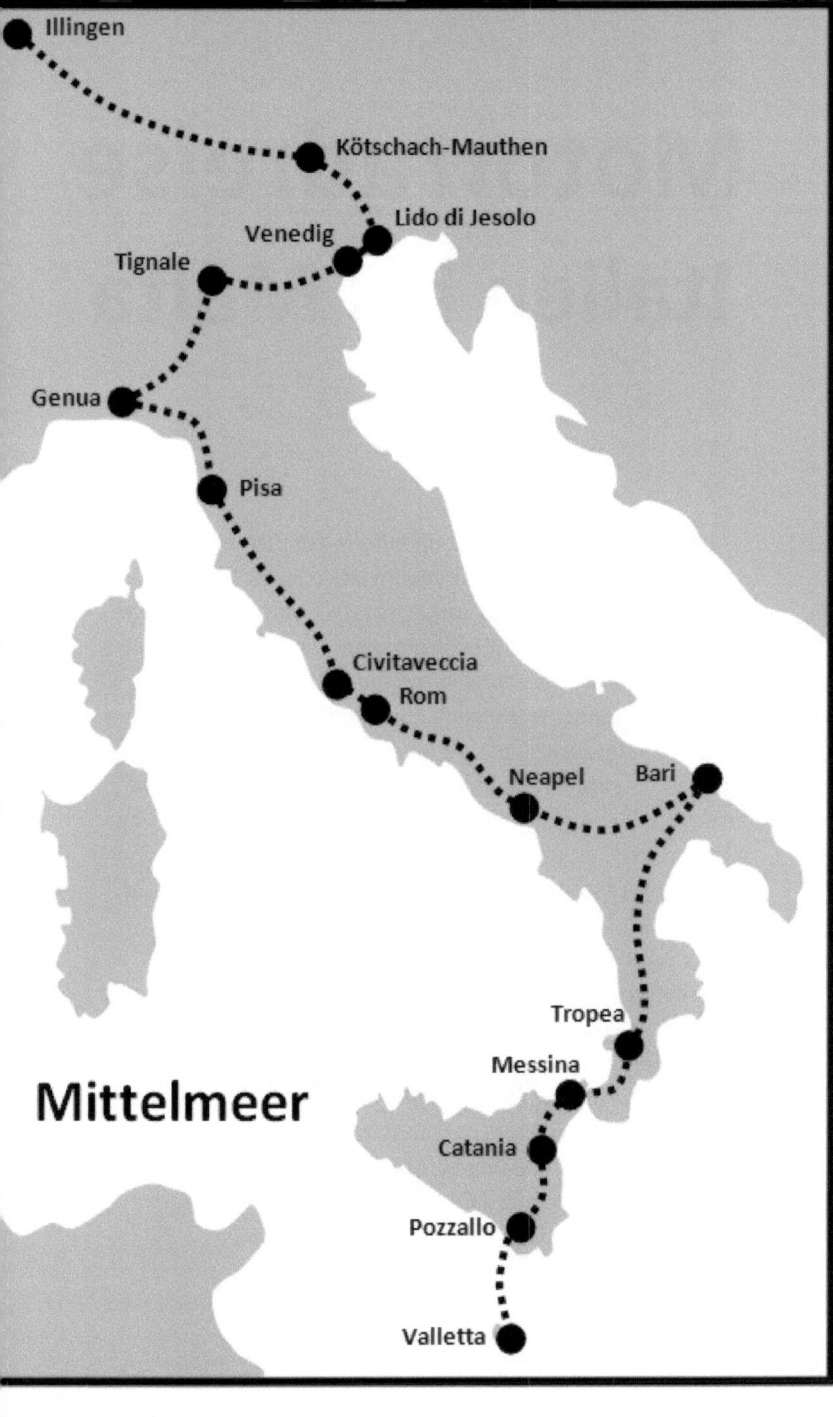

Illingen

Kötschach-Mauthen

Lido di Jesolo

Venedig

Tignale

Genua

Pisa

Civitaveccia

Rom

Neapel

Bari

Mittelmeer

Tropea

Messina

Catania

Pozzallo

Valletta

# Motorradreise
## Italien bis Malta

Es ist kurz vor Weihnachten und das Wetter ist unangenehm kalt und schmuddelig, damit meine ich, das wir Bodennebel haben und Schneematsch auf der Straße liegt. Das gestreute Salz taut den Schnee auf der Fahrbahn nur schleppend auf. Es weht ein unangenehmer Wind durch unser Wohngebiet und die Bewohner trauen sich kaum aus den Häusern, weil die Gefahr auszurutschen, sich einen grippalen Infekt zu holen, oder einfach nur kalte Füße zu bekommen, groß ist. So sitzen die meisten Nachbarn, wie wir, im warmen Wohnzimmer, langweilen sich und schauen ab und zu aus dem Fenster, um zu prüfen, ob sich eventuell das Wetter bessert.

Da sich das Wetter nicht besserte, schaue ich mir meine Urlaubsfotos vom letzten Sommerurlaub mit meinem Motorrad an und erinnere mich an die fantastische Tour bis zur südlichsten Stadt von Europa. Es war eine tolle Zeit, so ganz alleine mit dem Motorrad unterwegs, um die Freiheit zu genießen und mit den Gedanken fern vom Alltagsstress und den beruflichen Zwängen. Der Gedanke wuchs in mir, dass ich mit meinem Motorrad nochmals eine größere Tour im nächsten Sommer unternehmen möchte.

Mit dem Zug fuhr ich als Jugendlicher einmal von Illingen in Württemberg bis nach Sizilien und setzte mit der Fähre nach Malta über, um mir dort die schöne Insel anzuschauen. Dies waren meine Gedanken und ich stellte mir vor, so eine Tour mit dem Motorrad zu realisieren. Immer Richtung Süden, entlang am Mittelmeer, dabei ein paar schöne und interessante Ortschaften zu besuchen und ganz entspannt bis Sizilien zu fahren. Von dort mit der Autofähre nach Malta, um dort wieder die Insel neu zu entdecken. Dabei könnte ich u.a. Valletta, die wunderschöne Hafenstadt mit dem Motorrad besuchen. Diese berühmte Stadt mit ihren fantastischen und historischen Befestigungsanlagen, die ich von einigen Reisen mit meiner Familie noch kenne.

So kreisten mir die Gedanken immer weiter durch meinen Kopf u. ich besprach diese Idee anschließend mit meiner Frau. Die glücklicherweise mit der Motorradtour einverstanden war. So konnte ich über die kalten Wintertage die Reise vorbereiten und eine Route festlegen, Hotels buchen und alles andere fest planen.

Das ist die Freiheit, die ich mir vorstelle. Wieder einmal mit meinem Motorrad ganz alleine durch die Länder reisen und einfach den Kopf frei machen, die Fahrt genießen und immer schön die Kurven jagen. Auf diese Tour freute ich mich ganz besonders, weil die Fahrt mit dem Motorrad durch meine Lieblingsländer führt.

Nach einer guten Planung, der Buchung der Unterkünfte über die üblichen Internetplattformen, konnte die Reise los gehen. Vor der Fahrt auf meiner Suzuki V-Strom wurden noch ein paar neue Reifen aufgezogen, Ölwechsel durchgeführt, Ölfilter getauscht und die Kette eingestellt, vollgetankt und schon war ich mit meinem Bike startklar. Wie immer war ich, auf meinen Motorradtouren, mit leichtem Gepäck unterwegs.

So reichte mir zur Unterbringung des persönlichen Gepäcks mein großes Topcase und eine kleine wasserdichte Gepäckrolle auf dem hinteren Sitzplatz des Motorrads, so wie ein kleiner Tankrucksack. Auf meinen Touren mit meiner Reiseenduro nahm ich immer das Navi mit und ein paar Landkarten, so wie Werkzeug, Pannenspray für die Reifen und den Verbandskasten. Natürlich war auch immer meine wasserdichte Überziehregenhose im Gepäck dabei. Meine Nylonmotorradjacke ist absolut wasserdicht, deshalb benötige ich keine zusätzliche Regenkombi.

Mein Motorrad ist für solche Touren bestens geeignet, weil ich dort eine sehr bequeme Sitzposition einnehmen kann, der Tankinhalt sehr groß ist, das Windschild gut funktioniert und das Fahrzeug ohne Überraschungen solide und robust, so wie sparsam seine Kilometer runter spult. Auch die Sitzbank ist bequem und lässt einen ein paar Stunden prima sitzen. Besonders sicher fühle ich mich durch die zwei großen Scheinwerfer in der Frontverkleidung meiner V-Strom. Dadurch können mich alle Verkehrsteilnehmer am Tag und bei Nacht sehr gut erkennen.

Am Abend vor der Abfahrt freue ich mich wie ein kleines Kind vor Weihnachten, denn ab morgen geht es in die große Freiheit. Nur mein Bike u. ich auf der großen Tour durch schöne Länder bis zur Insel Malta und u.a. der wunderschönen Stadt Valletta. Das wird eine geile Zeit, so etwas vergisst man nie und bleibt stets als Glücksgefühl gespeichert. Weil ich vor lauter Vorfreude nur vier Stunden schlafen konnte fuhr ich bereits um zwei Uhr in der Nacht los. Eigentlich sollte ein guter Motorradfahrer nicht in der Nacht fahren, weil es zu viele Gefahren auf der Straße gibt. Es fängt an mit Teilen die auf den Straßen liegen, die zu spät erkannt werden und geht weiter bis zu den Tieren die nachts die Straße überqueren und bei Kollision schnell den Fahrer vom Motorrad holen.

Aber ich war so aufgeregt und wollte einfach fahren,
deshalb nahm ich diese Gefahren in Kauf. Muss natürlich
um ein Vielfaches vorsichtiger sein, denn als Motorradfahrer
ist man mit der schwächste Verkehrsteilnehmer auf der Straße
und sogar ein Bekannter musste sein Hobby mit seinem Leben
bezahlen. Aber das ist leider so und sollte einem die Freude
am Fahren eines Motorrades nicht nehmen, aber dennoch
berücksichtigen.

Punkt zwei Uhr startete ich meine V-Strom und war wieder
einmal begeistert als ich in der ruhigen Nacht den V-Motor
donnern hörte. Kurze Verabschiedung von meiner Silvia und
los ging die Fahrt in die große Freiheit, immer Richtung Süden.

Aus Illingen in Württemberg hinaus auf die Bundesstraße 10
und an Vaihingen / Enz vorbei, durch Enzweihingen, bis zur
Autobahnanschlussstelle vor Stuttgart, auf die Autobahn A8
Richtung München. Die letzte Zivilisation ist für mich immer
der Stuttgarter Flughafen, denn danach wird es ruhig und leer
auf der Autobahn. An der Geislinger Steige wird es für mich
immer interessant, weil ich als Motorradfahrer sehr schnell
und problemlos den Anstieg überwinden kann. Ganz im
Gegenteil zu den Lkws die auch gern nachts unterwegs sind.

Da spürt man die Kraft des Motorrades unter einem, das
durch sein leichtes Gewicht und der guten Leistung diese
Etappe problemlos meistert. Die Steige ist für eine Autobahn
recht kurvig und sogt deshalb für etwas Abwechslung in der
Nacht Richtung München. Es gab keine Staus auf der A8
und das Wetter war mild und angenehm warm. So drückte
es nicht auf die Blase und ich fuhr durch bis München. Weil
ich so gut voran kam, fuhr ich kurzerhand durch München,
denn um kurz nach vier Uhr ist es in München noch sehr
ruhig und die Fahrt durch die Stadt reduziert die Kilometer
und die Fahrzeit.

In München machen sich die Nuten so langsam von der Nachtschicht auf den Heimweg und die letzten Freier finden den Weg nachhause. Es ist für mich ganz witzig, denn für diese Leute endet der Tag und für mich fängt er gerade an.

In München brauche ich nicht zu tanken, denn meinen Tank am Bike habe ich unerlaubter Weise bis zum Verschluss gefüllt. So passen nochmals rund drei Liter mehr, in den eh schon großen Tank, hinein.

Die Fahrt durch die Landeshauptstadt von Bayern verlief gut und schnell, nur an den vielen Fotoapparaten der Stadt ist äußerste Vorsicht geboten und natürlich Hand vom Gas. Weil ich so oft diesen Weg schon gefahren bin, kenne ich jeden Blitzer auf der Strecke. Aufpassen muss ich nur auf die neuen, denn das könnte in der Stadt sehr teuer werden.

Weiter geht die Fahrt auf der Autobahn A8 Richtung Rosenheim und auf der Höhe von Rosenheim rechts ab auf die Autobahn A93 nach Kufstein. Dann geht es endlich von der Autobahn runter auf die Landstraße, südlich am "Wilden Kaiser" vorbei nach Kitzbühel. Sehr gern fahre ich durch Österreich, weil hier alles so schön geordnet und mit den Bergen so wild romantisch aussieht. Aber vor allem die Straßen sehr gut sind und es viel Freude macht die Pässe mit seinen Kurven hinauf zu heizen.

Nach Kitzbühel folge ich der Landstraße über den Pass Thurn mit seinen tausendzweihundertvierundsiebzig Meter ü. d. Meer. Als nächstes Highlight steht die Fahrt zum Felbertauerntunnel an, der sich langsam und stetig die schöne Bergstraße bis auf über tausendsechshundert Meter hinauf schlängelt. Auch hier ist das Motorrad das perfekte Fahrzeug um die Steigung hinauf zu fahren.

Rechts und links des Felbertauerntunnel liegt der Groß-
glockner und der Großvenediger, die beide um die drei-
tausendsiebenhundert Meter hoch sind u. auf mich immer
wieder einen beeindruckenden und gewaltigen Eindruck
hinterlassen. Selbst im Sommer sind auf dessen nackten
und felsigen Bergspitzen noch weißer Schnee zu sehen.

Am Felbertauerntunnel muss ich nur kurz stoppen, um die
zehn Euro Mautgebühr zu bezahlen. Dann geht die Fahrt
durch den fünftausendzweihundertzweiundachtzig Kilometer
langen Tunnel, der im Jahre neunzehnhundertsiebenund-
sechzig fertig gestellt wurde, weiter. Der Tunnel ist eine
wintersichere Verbindung durch den Felber Tauern der Hohen
Tauern des Alpenhauptkamms, der das Bundesland Salzburg
mit Osttiroler Bundesland Tirol verbindet. Also eine wichtige
Verbindungsstraße in Österreich. Für mich ist es oftmals sehr
überraschend, wie das Wetter auf der anderen Seite ist. Denn
hier verläuft eine Wetterscheide und es kann auf der einen
Seite Sonnenschein sein u. auf der anderen Seite schneit oder
regnet es, ebenso können erhebliche Temperaturschwankungen
stattfinden. Diesmal habe ich Glück und auf der anderen Seite
ist das Wetter ebenso gut wie zuvor. Entspannt fahre ich auf
der Bundesstraße B108 hinunter Richtung Lienz. Die Straßen
sind alle trocken und so erreiche ich parallel dem Fluss Isel
den größeren Ort Lienz.

In Lienz tanke ich meine V-Strom und frühstücke gemütlich
in einem bekannten Fast-Food-Restaurant, das direkt an der
Bundesstraße auf der linken Seite liegt. Es gibt einen schönen
großen heißen Kaffee und ein Omelette mit Schinken und Brot.

Gut gestärkt und einer Pinkelpause geht es weiter Richtung
Gailbergsattel, der auf einer Höhe von neunhunderteinund-
achtzig Meter liegt und sich schön den Berg in Serpentinen
hinauf schlängelt.

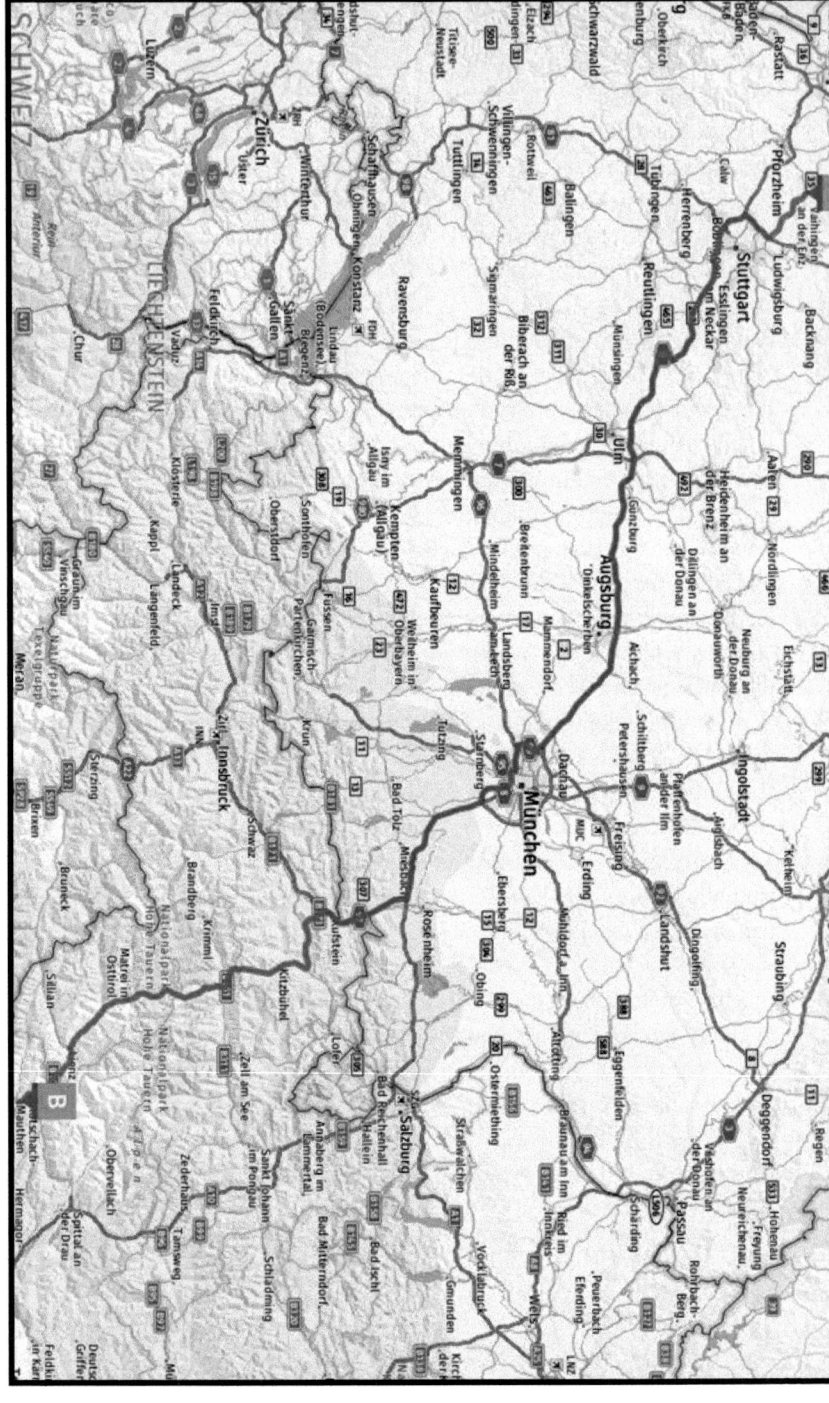

Die Straßen sind frei und es bereitet mir viel Freude meine V-Strom durch die Kurven den Berg hinauf zu jagen, zumal hier keine Polizei oder Blitzer sind.

Nach dem Gailbergsattel habe ich nur noch ein paar Kilometer bis zu meinem heutigen Zielort nach Kötschach-Mauthen. Es geht durch den dichten Wald bis in die kleine verschlafene Ortschaft mit seinen knapp dreieinhalbtausend Einwohnern.

Ich fahre die restlichen Kilometer meiner über fünfhundert Kilometer langen Tagesetappe, bis zu meinem gebuchten drei Sterne Hotel "Gailtaler Hof". Das Hotel empfängt besonders gern Motorradfahrer, betreut und verwöhnt diese in ihrem Haus. Nach weniger als fünf Stunden reine Fahrzeit stelle ich mein Motorrad vor dem Hotel ab und checke ein. Ich habe Glück und mein Einzelzimmer ist bereits fertig gerichtet und ich darf es sofort betreten und mich ein wenig häuslich einrichten.

Da ich zeitlich viel zu früh dran bin, trinke ich im Restaurant noch einen leckeren Cappuccino und esse eine Butterbrezel dazu, denn für ein Bier ist es mir doch noch ein wenig zu früh. Weil ich schon Gast im Haus war, kenne ich hier alles genau. Nach dem zweiten Frühstück lege ich mich ein wenig auf das frische Bett u. schlafe nach der fantastischen Fahrt schnell ein. Erst nach dem kleinen Nickerchen rufe ich meine Frau an und melde mich wohlbehalten angekommen. Taktisch rufe ich erst danach an, denn sonst weiß meine Frau sofort, dass ich wieder viel zu schnell mit dem Motorrad unterwegs war.

Anschließend laufe ich ein wenig durch die kleine Gemeinde, in der sich seit meinem letzten Aufenthalt nichts geändert hat. Kaufe im Supermarkt noch etwas zum Trinken und kehre gegen Abend in ein klassisches Restaurant ein um mir hier einen leckeren Schweinebraten mit Knödel, Kraut und Salat zu genehmigen. Dazu noch ein frisches Hefeweizen und der Abend ist dein Freund. Weil ich so früh dran bin, trinke ich ausnahmsweise ein zweites Weizenbier, bevor ich in mein komfortables Hotel zurück kehre. Als ich ankam war es bereits dunkel und mir kam die Idee noch eine Runde in die heiße Sauna des Hotels zu gehen. Danach kurz unter die Dusche und dann schnell ins Bett. Trotz dem Nickerchen tagsüber konnte ich hervorragend die Nacht durchschlafen.

Am nächsten Morgen schlemmte ich noch ein leckeres Frühstück mit frischen Brötchen, Brezel, Wurst, Käse, Omelette und einem guten Cappuccino. Um kurz nach neun war ich startklar und freute mich auf die nächste Etappe von Kötschach-Mauthen bis nach Lido di Jesolo, dazu musste ich aus Österreich, über ein paar Berge nach Italien fahren. Von Kötschach-Mauthen verlief der Weg zuerst über etwas ältere Straßen, bis an die italienische Grenze, dann über den tausenddreihundertsechzig Meter hohen Plöckenpass über neue und sehr kurvige Straßen den Berg in Italien hinunter. Wenn ich mich nicht verzählt habe sind es zwölf hundert-achtzig Grad Spitzkehren, die doch relativ vorsichtig zu fahren sind, aber die Aussicht auf das Tal ist wunderschön.

Nach rund siebenunddreißig Kilometer durch den langen
Pass in den Karnischen Alpen auf der Strecke von Kötschach-
Mauthen im Gailtal ins italienische Timau in Friaul, fahre
ich weiter bis nach Tolmezzo. Die Straßen sind sehr schmal
und überwiegend mit schlechtem Teerbelag. Hier ist Vorsicht
geboten, denn immer wieder fahren Wohnmobile oder dicke
SUV auf der Straße und benötigen oftmals übertrieben viel
Fläche. Bei bestem Wetter freue ich mich die Strecke zu
fahren und begegne immer wieder Motorradgruppen, die
auf der Heimfahrt sind u. wir uns selbstverständlich grüßen,
wie es sich unter echten Motorradfahrern gehört.

In Tolmezzo fahre ich auf die Autobahn A23 weiter Richtung
Süden nach Udine, anschließend auf die Autobahn A4 und
folge dieser nach rechts in Richtung Venedig. Die Autobahn
ist gut ausgebaut u. befindet sich in einem sehr guten Zustand.
Was mich freut und ich deshalb meine V-Strom ein wenig
über die Autobahn jage, dabei immer die Sicht nach der
Polizei und den Blitzern, die eventuell neu installiert wurden.

Ich komme sehr gut voran, bezahle die Maut auf der Autobahn
und sehe auf der Tour das erste Mal das Mittelmeer. Das ist für
mich immer ein ganz besonderer Augenblick, dazu noch das
süßliche Aroma der Nadelbäume und Blüten der Mittelmeer-
vegetation in der Nase. Etwas Schöneres für die Sinne gibt es
kaum. Auf der Autobahn A4 fahre ich bis zur ersten Ausfahrt
nach San Dona und von dort direkt über die kleinen Straßen
nach Lido di Jesolo. Der Ort ist auf der Strecke gut beschrieben.

Kurz vor dem Hotel habe ich den Tank der V-Strom nochmals
voll gefüllt. Mein gebuchtes Hotel "Miami" finde ich auf
Anhieb und parke mein Motorrad direkt hinter dem Hotel
auf dem schattigen hoteleigenen Parkplatz. Nach etwa zweieinhalb Stunden Fahrt habe ich die über zweihundert Kilometer
bis zum Ziel zurückgelegt.

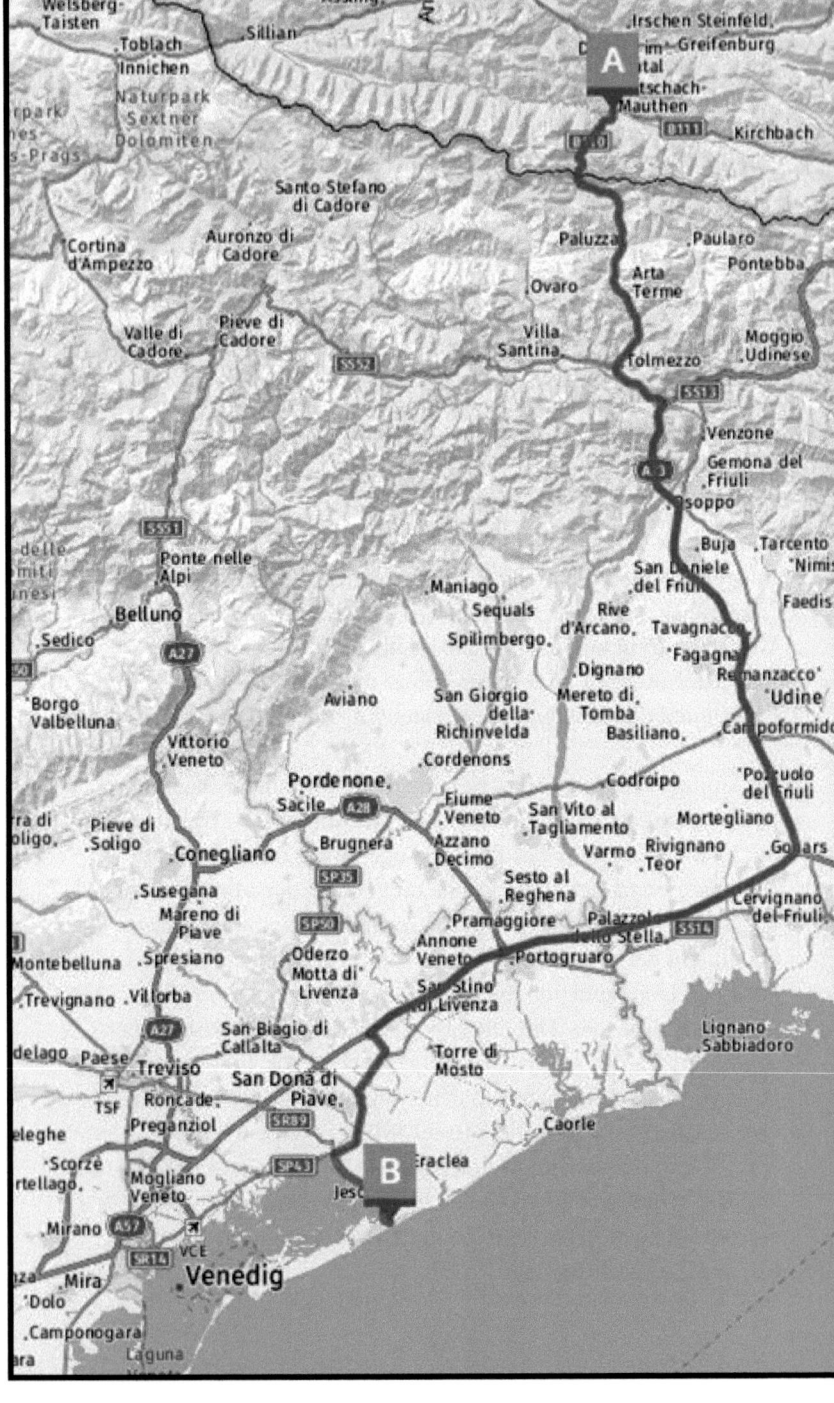

An der Rezeption des Hotels, mit seinen hundert Zimmern, wurde ich schnell u. freundlich eingecheckt u. durfte sofort auf mein Doppelzimmer. Das Zimmer ist im Farbton weiß gehalten, ebenso wie das Mobiliar, nur die Tagesdecke auf dem Bett sticht im Blauton heraus. Es ist in dem sauberen und großen Zimmer alles drin, was man sich als Urlauber in einem drei Sterne Hotel vorstellen kann. Außer dem Doppelbett mit Nachttischen, Beleuchtung und Telefon, gibt es einen Sekretär, Kühlschrank, Fernseher, Stühle, Schränke und die Klimaanlage, so wie einen Balkon mit Tisch und Stühlen. Die Fassade der zwei sechsstöckigen, fast rechteckigen Flachdachhäuser, ist natürlich in weiß gehalten und die Balkongeländer aus Metall sind blau gestrichen. So passt das alles farblich gut zusammen, sogar der Pool zwischen den zwei Häusern passt farblich, wie die darum stehenden Liegen in blau-weiß. Auch das saubere Badezimmer ist komplett in weiß gehalten. Dort findet man eine Dusche mit Verglasung, Waschbecken und die Toilette mit den üblichen Accessoires.

Mein Topcase und die Gepäckrolle, so wie den kleinen Tankrucksack packe ich von der V-Strom und platziere alles in mein Doppelzimmer. Nach der Arbeit ziehe ich mich schnell um und laufe in Badehose und T-Shirt zum Strand. Es sind nur ein paar Minuten Fußweg durch eine Unterführung, dann stehe ich direkt vor dem breiten Sandstrand, der voll gespickt mit Sonnenschirmreihen u. Liegen ist. Auf dem hoteleigenen Strandabschnitt suche ich meine Liege, so wie den dazugehörigen Sonnenschirm. Denn jeder Gast im Hotel "Miami" hat einen nummerierten Platz, der den Gästen während des Aufenthaltes im Hotel zur Verfügung steht. Schnell werde ich fündig und werfe mein Handtuch auf die Liege und renne zum erfrischenden Meerwasser. Nach einer Runde Schwimmen im Meer u. anschließendem Sonnen gehe ich anschließend auf die Suche nach einem Restaurant.

In meiner trockenen Badeshorts, mit T-Shirt und Flip-Flop mache ich mich auf den Weg und finde sofort in der nächsten Querstraße, die parallel zum Strand verlaufende Fressmeile. In ein einfaches aber relativ volles Restaurant kehrte ich ein. Ein volles Haus ist immer ein gutes Zeichen, ich entschied mich für das panierte Schnitzel mit Pommes und Salat, so wie ein Bier. Das Restaurant war die richtige Entscheidung, denn hier stimmte die Qualität und die Menge mit dem Preis überein.

Nach dem Essen ging es wieder an den Strand zurück und ich schlief mit vollem Magen glatt in der Sonne ein und holte mir den ersten kleinen Sonnenbrand. Nach dem die Sonne so langsam nachließ beendete ich den relaxten Nachmittag am Meer und lief zu meinem Hotel zurück.

Nach der erfrischenden Dusche ging es zum Abendessen in mein Hotel, denn ich hatte Halbpension gebucht. Das Abendessen war erstaunlich gut für ein drei Sterne Hotel. Von der gebratenen Ente, den Kartoffeln mit Sosse und dem Rotkohl nahm ich mir, so wie einen Griechischen Salat u. zum Trinken einen kräftigen trockenen Rotwein.

Nach dem leckeren Abendessen unternahm ich einen Verdauungsspaziergang auf der Promenade am Meer und gönnte mir ein frisches italienisches Eis mit Mango.

Der nächste Tag verlief im Prinzip genau gleich, nur lief ich etwas mehr am Strand herum und schaute mir den Leuchtturm, so wie die Stadt ein wenig länger an. Aber es war immer noch relaxen, schwimmen, usw. angesagt.

Das Doppelzimmer mit Halbpension für eine Person im Hotel "Miami" kostete mich sechzig Euro die Nacht.

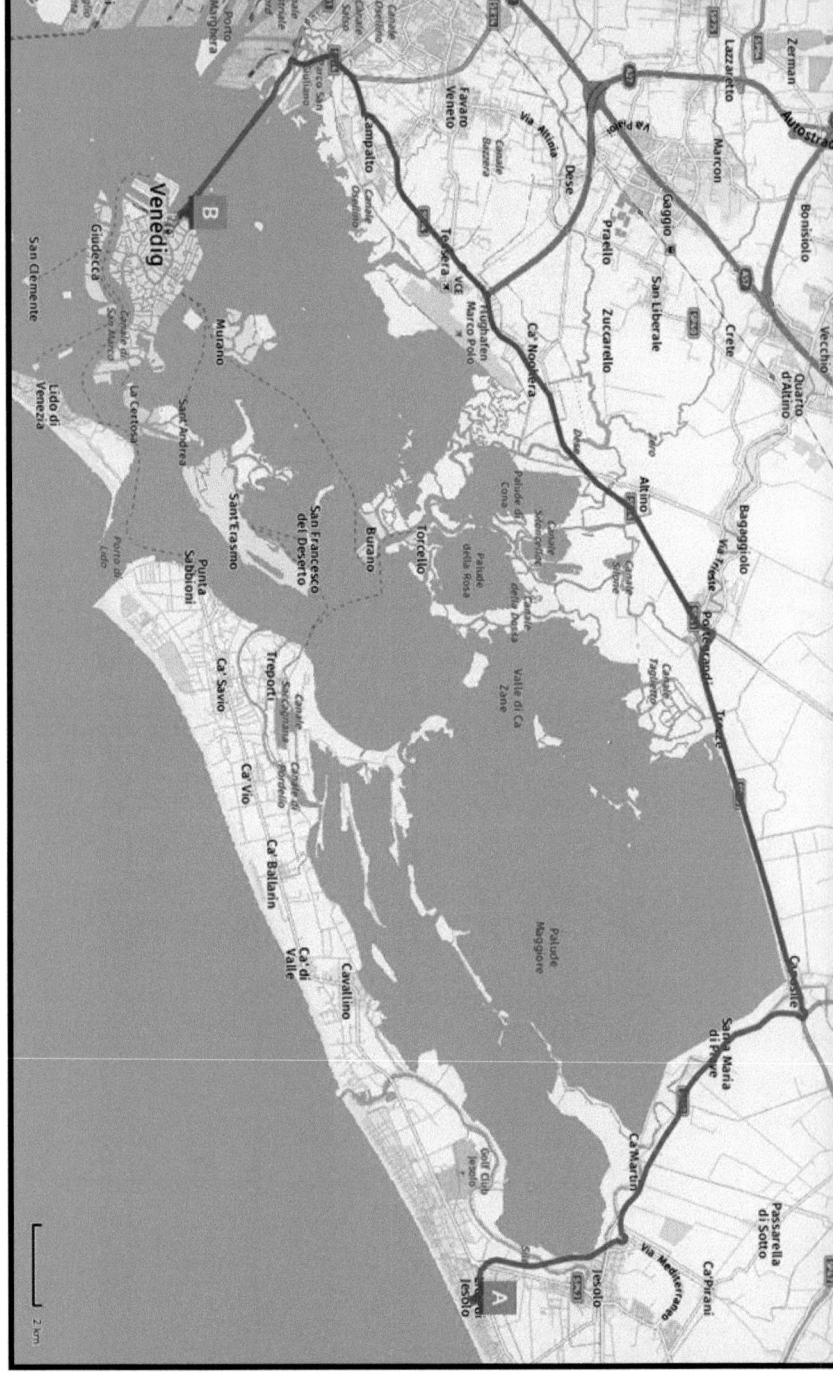

Der Preis und die Leistung zur Hauptsaison in Italien ist gut.

Abends packte ich das Motorrad und kontrollierte / wartete alle wichtigen Funktionen am Fahrzeug, das ist u.a. der Ölstand, Bremsflüssigkeit, Kettendurchhang, fetten der Kette, Bremsbeläge, Luftdruck, Licht, usw.. Es ging etwas früher ins Bett, weil ich am nächsten Morgen sehr früh raus wollte um nach Venedig zu fahren. Einerseits wegen einer Altstadtbesichtigung, andererseits um nicht all zu spät in Tignale am Gardasee zu sein.

Nach einem kleinen Frühstück mache ich mich früh am Morgen um sechs Uhr dreißig auf den Weg nach Venedig. Um diese Tageszeit ist es sehr angenehm in Italien Motorrad zu fahren, weil die Sonne noch nicht intensiv scheint und die Frische der Nacht noch in der Luft liegt.

Von Lido di Jesolo fahre ich auf direktem Weg nach Caposile, dort biege ich links ab und fahre auf der Schnellstraße Richtung Venedig. Nach der Stadt Campalto biege ich wieder links ab und fahre über den Damm direkt nach Venedig in die Altstadt. Im Prinzip fährt man von Lido di Jesolo immer links am Meer entlang, dann ist ein Verfahren nach Venedig fast unmöglich. Für die rund fünfzig Kilometer benötige ich am frühen Morgen, zu dieser verkehrsarmen Zeit nur knappe fünfundvierzig Minuten.

Ganz unauffällig parke ich dort, wo alle Roller und Motorräder in Reihe und Glied abgestellt wurden. Natürlich falle ich mit der gut beladenen Maschine schon etwas auf. Nach der Stadtbesichtigung wird hoffentlich noch alles am Motorrad, wie zuvor, dran sein. Weil ohne Helm oder dem Gepäck macht die Weiterfahrt Richtung Gardasee und letztendlich bis Malta keinen Sinn. Dann müsste ich hier schon abbrechen.

Gute fünf Stunden laufe ich durch Venedig und bestaune diese wunderschöne Stadt, die mitten im Wasser liegt und von vielen Kanälen durchzogen wird. Diese Kanäle sind gesäumt von alten Brücken, die ein Ufer mit dem anderen verbinden, um so trockenen Fußes durch die Altstadt von Venedig laufen zu können.

Tolles Wetter ist in Venedig und es sind noch nicht so viele Besucher in der Stadt unterwegs. So wie ich Venedig kenne, wird sich das ganz gewaltig in den nächsten Stunden ändern. Denn in den Sommerferien und bei so einem guten Wetter, da platzt die Stadt schnell aus allen Nähten und die Besucher sehen von oben aus wie gewaltige Ameisenstraßen.

Wer gut zu Fuß ist, der schafft es locker in weniger als vier Stunden die historische Altstadt von Venedig, mit seinen allerwichtigsten Sehenswürdigkeiten zu besichtigen, natürlich nur ohne Besuch einer Kirche oder eines Museums. Jedoch sollte man gut zu Fuß sein, denn es gibt über hundert Inseln im historischen Zentrum "centro storico" in der Lagune von Venedig, die alle über Brücken erreichbar sind. Meine Familie und ich sehen das immer als eine sportliche Herausforderung und haben mit dem Fußweg unser tägliches Sportprogramm absolviert.

Nur die Altstadt von Venedig mit insgesamt vierhundertvierzehn Quadratkilometern Fläche, auf der rund zweihundertsechzigtausend Menschen leben, hatte ich mir nur oberflächlich angeschaut, so dass ich einen ersten Eindruck über die weltberühmte Lagunenstadt hatte, die seit neunzehnhundertsiebenundachtzig in der wichtigen UNESCO -Liste des Weltkulturerbes eingetragen ist. Einwohnermäßig hatte die Stadt Venedig ihren Höhepunkt im Jahre neunzehnhundertsiebzig mit fast dreihundertsiebzigtausend Bewohnern.

Danach schrumpfte die bedeutende Stadt auf den heutigen Wert um über hunderttausend Menschen.

Geschichtlich betrachtet war Venedig bis siebzehnhundertsiebenundneunzig Hauptstadt der Republik Venedig und war zu dieser Zeit mit über hundertachtzigtausend Einwohnern eine der größten europäischen Städte. Bis in das sechzehnte Jahrhundert war Venedig eine der bedeutendsten Handelsstädte, über die der größte Teil des Handels zwischen Westeuropa und dem östlichen Mittelmeerraum abgewickelt wurde. Zu dieser Zeit unterhielt Venedig die meisten Handels- und Kriegsschiffe. Venedig profitierte vom Handel mit Luxuswaren, Gewürzen, Salz und Weizen, es entstand ein reiches wirtschaftliches und finanztechnisches Zentrum, das den Markt des Handels von Oberitalien bis Kreta und zeitweise bis nach Zypern dominierte u. gewinnbringend organisierte. Zwischen siebzehnhundertachtundneunzig und achtzehnhundertsechsundsechzig war Venedig ein Teil der Herrschaft der Franzosen und Österreicher, erst danach gliederte man Venedig in Italien ein.

Zu den wichtigsten Sehenswürdigkeiten in der Altstadt von Venedig zählt sicherlich die Hauptwasserstraße, der "Canal Grande", die sich vier Kilometer durch die Altstadt, mit einer Breite bis zu siebzig Meter, zieht und von vielen Brücken überspannt wird. Einer der bekanntesten Brücken ist sicherlich die Rialtobrücke, die auch zu den beliebtesten Sehenswürdigkeiten Italiens gehört. Der meiste Personenverkehr oder Transport in Venedig erfolgt auf dem Wasserweg über die großen Wasserstraßen, aber auch durch die vielen kleinen Kanäle, mittels kleinen Frachtschiffen, Fährschiffen, Wassertaxis oder den schönen und berühmten Gondeln aus schwarz lackiertem Holz. Der Markusplatz, der sich im Stadtteil San Marco befindet, ist der bedeutendste Platz in Venedig und auch Wahrzeichen der Stadt.

Er trägt als einziger Platz in Venedig die Bezeichnung "piazza". Der hundertfünfundsiebzig Meter lange und zweiundachtzig Meter breite Platz füllt sich täglich aufs Neue mit tausenden von Touristen, die aus allen Himmelsrichtungen anreisen, aber auch durch den Besuch der einheimischen Venezianer. Hier ist größte Vorsicht geboten, denn beim Landen und Starten der extrem großen Taubenschwärme, die hier ihre Mahlzeiten suchen, fallen gern große Mengen Kot auf die Besucher. Auf diesem berühmten Platz, der direkt am Canal Grande liegt und deshalb durch Hochwasser des Öfteren überflutet wird, liegen gleich drei weitere touristische Attraktionen, nämlich der Dogenpalast, der Markusdom u. der Campanile di San Marco. Deshalb ist der Markusplatz ein Muss, wenn Venedigs Altstadt besucht wird.

Der Dogenpalast ist ein Monument der venezianischen und gotischen Baukunst, er befindet sich, wie schon geschrieben, auf dem Markusplatz und war früher der Sitz der Staatsoberhäupter und der Regierung von Venedig. Der prunkvolle Dogenpalast spiegelt den Reichtum der ehemaligen Seerepublik Venedig, sowohl im Inneren, als auch an der prächtigen Außenfassade wieder, besonders durch die hochwertigen Stuckarbeiten, Gemälde und Statuen. Es gibt eine Verbindung des Palastes zu den venezianischen Gefängnissen, die über die Seufzerbrücke hergestellt wird. Der Name dieser Brücke führt darauf zurück, dass die Seufzer der Gefangenen beim Überqueren der Brücke zu hören waren. Unter den prominenten Gefangenen gehörte u.a. Casanova.

Nicht weit des Dogenpalastes steht der Markusdom, dies ist die Kathedrale des Patriarchen von Venedig. Dieser Dom wurde zu Ehren des heiligen Markus erbaut, wie auch sein Name bestätigt. Um die Kirche mit den fünf Kuppeln, dessen Sakralbau im Jahre tausenddreiundsechzig bis tausendvierundneunzig erbaut wurde, kostenfrei besuchen zu können, ist mit einer langen Warteschlange zu rechnen. Außen beeindruckt die Kirche durch ihre fünf Kuppeln und der kunstvollen Fassade und im Inneren besticht sie durch ihre Mosaike auf Goldgrund, so wie im unteren Bereich des Markusdoms mit den dominierenden Marmorwänden.

Nach dem heiligen Rochus von Montpellier wurde die Schule, der im fünfzehnten Jahrhundert gegründeten Bruderschaft, genannt. Die Scuola Grande di San Rocco ist eines der best-erhaltenden Schulen in Venedig und sie besticht durch ihre wunderschöne Außenfassade und den sechsundfünfzig wert-vollen Gemälden im Inneren, der im Zentrum stehenden Schule. Die Gemälde stammen von einem Mitglied der Bruderschaft Jacopo Tintoretto.

Der unübersehbare "rote Riese", ist mit seinen knapp neun-undneunzig Metern das höchste Gebäude von Venedig und ein beliebtes Wahrzeichen der Stadt. Der Markusturm, auf dessen Spitze sich eine Statue des Erzengels Gabriel befindet, wurde im Jahre neunhundertelf fertiggestellt, er musste wegen eines Einsturzes im Jahre neunzehnhundertzwei wieder aufgebaut werden.

Wer dem Trubel dieser lebendigen Altstadt von Venedig ein wenig entfliehen will, der sollte sich das Viertel Cannaregio, das zwischen dem Bahnhof, der Lagune und Canal Grande liegt anschauen, denn hier liegt das alte Jüdische Viertel. Hier findet man ruhige Gassen und beschauliche Plätze.

Wer kulturell und handwerklich interessiert ist, der sollte zur Glasinsel Murano übersetzten und sich die seit über siebenhundert Jahren bestehende Glasmanufaktur und den damit verbundenen Möglichkeiten des Erwerbs eines der berühmten Murano-Glasarbeiten nicht entgehen lassen.

Wer viel Zeit mitbringt und ein Freund der Oper ist, der sollte sich ins Musica A Palazzo begeben und sich eines der Musiker im Palazzo Barbarigo Minotto Opern-Stücke anschauen, bzw. anhören. Das beeindruckende Interieur des barocken Adelspalastes und die hochwertigen, so wie preisgekrönten Gruppen spielen dort vom Allerfeinsten.

Wer gerne auf historischem Gelände Baden gehen möchte, der ist im Badeort Lido genau richtig. Denn auf dieser venezianischen Insel wurde seit dem neunzehnten Jahrhundert das Baden großgeschrieben und es entstanden dort viele luxuriöse Hotels am Lido, die auch gerne von den Stars während der Filmfestspiele besucht werden. Von hier aus hat man auch einen schönen Blick zur Hauptinsel von Venedig.

Wer Kunst in Venedig zum Greifen nahe sehen möchte, dem kann das Museum, mit Ausstellungen von Peggy Gugenheim, Werke von Picasso, Max Ernst, Kandinsky, Hans Arp und Mirö ans Herz gelegt werden. Die berühmte Künstlerin Peggy Guggenheim lebte selber viele Jahre in Venedig u. wurde auf dem Gelände des Museums bestattet.

In Venedig war ich schon oft und kenne diese schöne Stadt ein kleines bisschen, deshalb muss ich nicht durch die Straßen hetzen und gönne mir in einer kleinen Nebenstraße einen leckeren Cappuccino, den man sich hier noch leisten kann, ganz im Gegenteil zu den berühmten Plätzen der Stadt.

Nach meinem großen Rundgang in Venedig finde ich die V-Strom wieder ganz unbeschädigt und komplett auf dem geparkten Abstellplatz, es fehlte absolut nichts am Bike. Das freute mich sehr u. so fuhr ich ganz entspannt zu meinem zweiten Tagesziel, dem Ort Tignale am Gardasee.

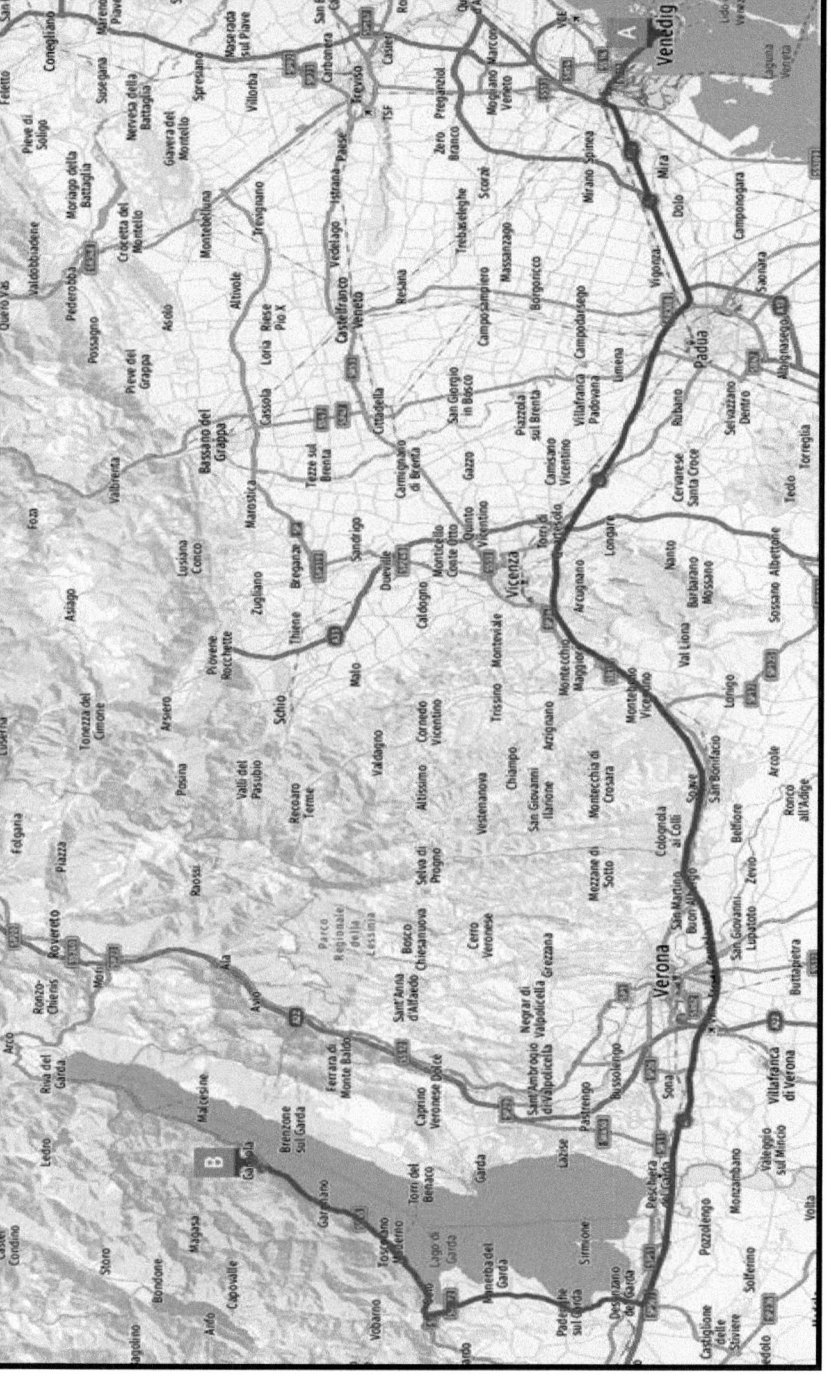

Die zweihundertzehn Kilometer lange Strecke ist sehr einfach zu fahren, denn es geht von Venedig aus direkt auf die Autobahn A4 Richtung Milano und an der Ausfahrt Desenzano am südlichen Ufer des Gardasees von der Autobahn auf die Landstraße, die links um den Gardasee führt. Die Maut auf der Autobahn kostete auf dieser Strecke knapp vierzehn Euro. Direkt auf die Verbindungsstraße SP572 bis Campoverde, dort nach rechts abbiegen auf die größere Verbindungsstraße SS45 Richtung Limone. Nach dem Ort Gargnano, der direkt am Gardasee liegt, nach links auf die kleine Verbindungsstraße den Berg hinauffahren Richtung Tremosine Tignale, bis ich letztendlich mein vier Sterne Park Hotel "Zanzanu", nach guten zweieinhalb Stunden, erreichte. Die Fahrt um den Gardasee ist traumhaft, umso weiter es auf meiner Seite in den Norden geht, desto höher u. massiver werden die Berge. Ganz im Norden liegt sogar noch Schnee auf den hohen Bergspitzen. Im flachen Südteil des Gardasees und um den See herum ist alles schön grün und das Wetter angenehm warm. Die Gegend ist ein Traum und ich habe auch noch so ein Glück, dass ich dies alles bei bestem Wetter erleben darf.

Die kleinen Straßen um den Gardasee sind teilweise sehr schmal und auf dem guten Belag mit seinen Kurven ganz fantastisch zu fahren. Aber es ist immer mit Radfahrern zu rechnen, ganz besonders gefährlich ist es, wenn diese in den kurvigen Tunneln, die sehr viel Licht und Schatten haben, ganz ohne Beleuchtung fahren und dann noch mit einem dunklem Rad ohne jegliche Reflektoren, so wie dunkler Radsportkleidung unterwegs sind. Deshalb musste ich ein paar Mal massiv in die Bremsen treten, um nicht mit den getarnten Radsportfahrern zu kollidieren.

Das Einchecken im vier Sterne Park Hotel "Zanzanu" lief hervorragend, denn alles war vorbereitet u. ohne Wartezeit.

Nach der Zimmerbesichtigung und Einweisung holte ich mein Gepäck vom Motorrad und richtete mich häuslich ein. Die Panoramaaussicht vom Fenster und Balkon meines Zimmers ist ein Traum, denn ich schaue von dieser Höhe über den gesamten oberen Teil des Gardasees.

Die Standardzimmer sind mit Flachbildfernseher und Schreibtisch und bieten kostenloses WLAN, sowie einen Balkon oder eine Terrasse, natürlich ist ein separates Bad mit den üblichen Einrichtungen enthalten. Für sechzig Euro pro Nacht ist das Frühstück u. Abendessen inkludiert. Das Haus hat einiges zu bieten, u.a. ein tolles Frühstücksbuffet, ebenso gehört eine zwanglose Bar mit Restaurant, Terrasse mit Seeblick, ein Außenpool, Tennisplätze, Leihfahrräder sowie ein Spa mit Whirlpool, Sauna und Dampfbad ebenfalls dazu.

Am Nachmittag schaute ich mir noch die Umgebung von Tremosine / Tignale, mit dem Motorrad, an. Die Gegend am Berg liegt sehr romantisch und wird aus kleinen Dorfeinheiten gebildet. Wunderschön liegen die kleinen Häuser, mitten in der Natur auf den grünen Plateaus über den Felswänden und bieten eine fantastische Sicht auf den schönen blauen Gardasee. Diese Landschaft, mit der einmaligen Aussicht, davon kann ich mich nicht genug satt sehen.

Am Abend genieße ich die Halbpension und lasse mich mit einem leckeren vier Gänge Menü verwöhnen. Es gibt eine würzige Gemüsesuppe, einen gemischten Salat mit Oliven und schmackhaften Käsestückchen. Der Hauptgang besteht aus einem Rinderbraten mit Rotkohl und Klößen. Zum Nachtisch wird mir ein italienisches Eis mit drei Kugeln unterschiedlicher Geschmacksrichtung, mit Früchten, Schlagsahne und einer schönen Waffel kredenzt.

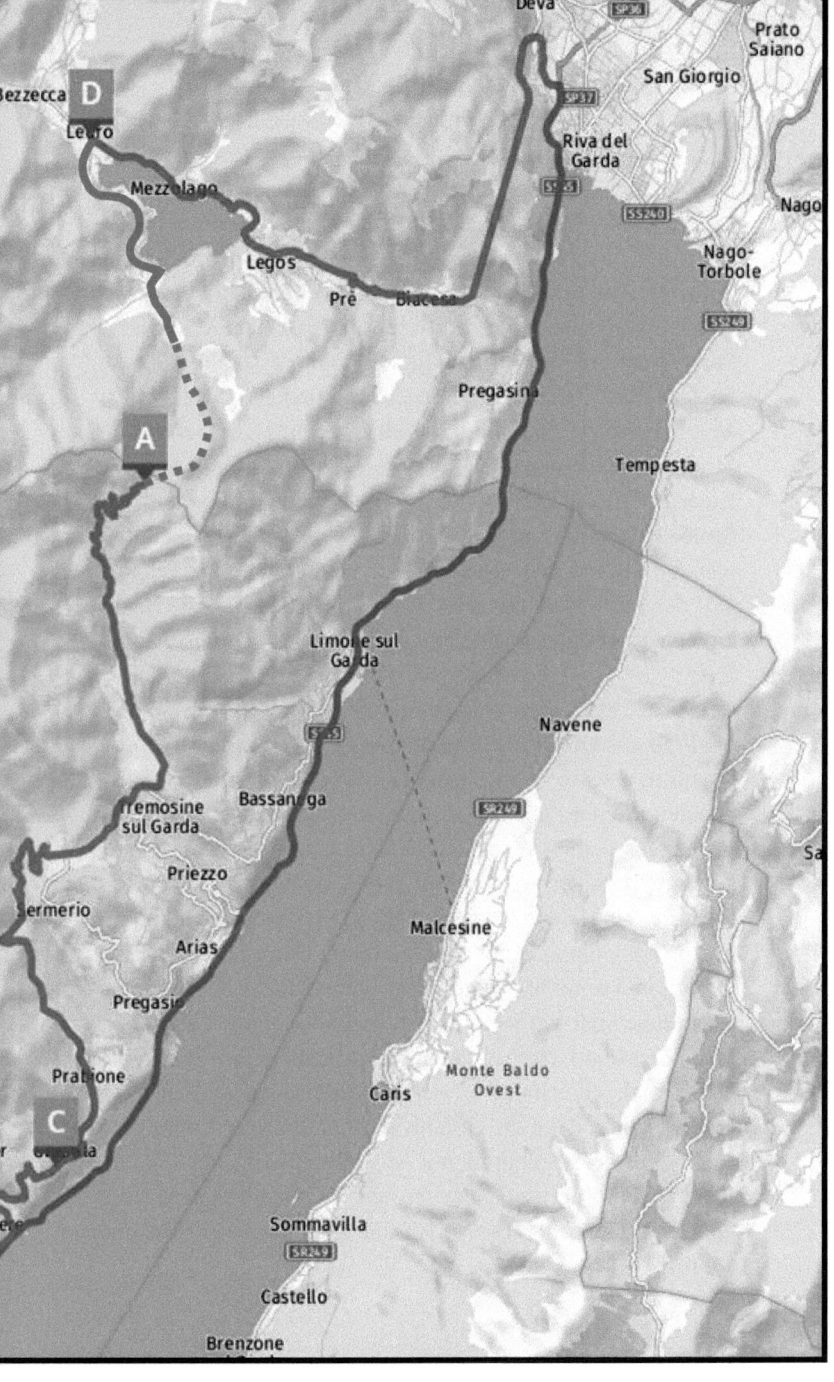

Zu dieser Gaumenfreude genieße ich einen kräftigen Rotwein aus der Region und ein Mineralwasser.

Nach einem umfangreichen u. leckeren Frühstück am nächsten Morgen starte ich eine kleine Motorradtour, die mich zum Ledrosee, quasi links vom Gardasee, führt. Da ich mit meiner V-Strom eine Reiseenduro habe, möchte ich über die kleinen Straßen/Wege über den tausendzweihundertacht Meter hohen Passo Nota und der Hütte Rifugio Alpini Passo Nota fahren. Dies ist eigentlich nur ein Wanderweg und eine Strecke für Mountainbikes. Zurück vom Ledrosee fahre ich über die Straße am Ledrosee über Ledro, Mezzolago, Legos, Pre, Biacesa, Riva del Garda, Pregasina, Limone und dann dieser Straße folgend, bis es wieder nach rechts den Berg hinauf, wie zur Anfahrt zum Gardasee, zum Hotel geht.

Auf der Karte sieht das alles sehr einfach aus, aber es war ein echtes Abenteuer. Die Anfahrt zur Hütte Rifugio Alpini Passo Nota fand die ersten paar Kilometer noch auf einer Teerstraße statt, dann folgte ein Schotterweg u. zum Schluss ein Pfad aus Dreck. Es ging immer steil die Serpentinen hinauf u. machte richtig Spaß. Der letzte Kilometer war sehr abenteuerlich, es gab keinen Weg und ich musste über ein Waldstück u. eine Wiese querfeldein fahren. An der schönen zweigeschossigen weiß verputzten Hütte angekommen, fragte mich der Hüttenwirt sehr freundlich, wieso ich mit einer Motorradkleidung Mountainbike fahre. Daraufhin klärte ich ihn auf und er teilte mir mit, dass diese Strecke für motorisierte Fahrzeuge aller Art verboten ist, deshalb kommen hier nur Wanderer und Fahrer mit dem Mountainbike zu seiner Hütte. Dann trank ich erst einmal ein großes Glas Apfelsaftschorle auf der Hütte, denn die Anfahrt machte mich doch sehr durstig. Nach ein wenig Smalltalk mit dem Hüttenwirt u. der Erklärung wie ich zum Ledrosee gelange, fuhr ich wieder weiter. Kurz vor der Weiterfahrt schaute ich mir noch die zwei Feldkanonen an, die auf der Wiese vor der Hütte standen.

Die blaue gestrichelte Linie auf der Karte ist ohne Weg und verläuft quer durch den Wald und die Wiese. Die Fahrt ist illegal und gefährlich, machte aber unheimlich Spaß. Von der Hütte aus fuhr ich immer bergab zwischen den Felsen über Steine und Wurzeln. Teilweise war es mir schon ein wenig mulmig im Bauch, aber ich wollte nicht den verbotenen Weg zurück fahren, sondern zum Ledrosee. Unterwegs fragte ich noch eine junge Frau, die sich auf einem Liegestuhl, vor ihrem kleinen Gartenhaus, fast nackt sonnte, ob dies der Pfad zum Ledrosee ist. Sie war die einzige Person, die ich auf dem Weg zum See fragen konnte, denn sonst war niemand da. Die junge Frau kam auf mich zu und wir unterhielten uns ein wenig, sie hatte keinerlei scheu sich nur im knappen String bekleidet, mit mir zu unterhalten und was ich zu sehen bekam gefiel mir sehr gut. Freundlich bedankte ich mich zum Schluss und fuhr über die Felsen und Wurzeln weiter bergab zum See.

Wenn ich ehrlich bin, war ich ganz schön erleichtert, als ich in der Ferne eine geteerte Straße sah und fuhr dieser freudig entgegen. Nach ein paar Kilometern kam ich zum Ortsrand und etwas weiter direkt an den schönen Ledrosee, der ganz fantastisch, fast märchenhaft zwischen den grünen Bergspitzen liegt. Um das Ufer befinden sich die einzelnen Dörfer, dessen rote Dächer aus dem grünen Wald hervor schauen.

Die ursprünglichen Museumshäuser schaute ich mir an und wurde ein wenig neidisch auf die Segelboote, die auf dem schönen blauen See entspannt dahin segelten. In das schöne Wasser des Ledrosees musste ich natürlich und schwamm ein paar Runden, die mich nach der heftigen und anstrengenden Fahrt durch das Gelände richtig gut erfrischten. Nach einem kleinen Erfrischungsgetränk an einem Kiosk fuhr ich die restliche Strecke auf wunderschön geteerten u. tollen kurvigen Straßen zum Gardasee zurück und anschließend in mein Hotel. Unterwegs tankte ich die V-Strom voll und putzte sie etwas.

Ganz grob betrug die illegale Offroadtour, rund hundertzwanzig Kilometer, war aber sehr zeitintensiv. Diese Aktion kann ich nur sehr geübten Motorradfahrern empfehlen, weil ein Sturz fatal wäre und mit Hilfe nicht zu rechnen ist.

Am Nachmittag lief ich zum Schwimmen den Berg auf direktem Weg, über felsige Trampelpfade, zum Gardasee hinab und drehte ein paar Runden im Süßwasser des Sees. Das Abendessen schmeckte wieder ganz hervorragend.

Am nächsten Tag umrundete ich einmal den Gardasee, das sind rund hundertsechzig Kilometer. Die Uferstraße führt mich mal eng vorbei an steilen, nicht selten von Kletterern gespickten Wänden, durch eindrucksvolle Tunnel hindurch. Ein andermal verläuft sie gemächlich neben dem glitzernden blauen See dahin, mitsamt seinen Stränden und Seepromenaden. Die Strecke in dem submediterranen Klima ist gesäumt von Palmen, Zypressen und romantischen Uferstädtchen, wie z.B. Torbole, Malcesine, Lazise, Sirmione, Toscolano-Maderno und Limone. Das Ostufer reizt mit einem fantastischen Ausblick und das Westufer mit der wohl spektakulärsten Straße des Gardasees, der legendären "Gardesana Occidentale". Die Gesamtstrecke um den See ist unter Berücksichtigung der Geschwindigkeitsbegrenzungen, ohne Zwischenstopp, in rund vier Stunden zu bewältigen. Auf dem Weg gibt es einige sehenswerte Städte und Dörfer, die sich wunderbar als Etappenziele eignen. Die Burg am Südufer, ein paar kleine Ortskerne mit wunderschönen natursteingemauerten und Blumen geschmückten Häusern habe ich mir gern angeschaut. Kehrte zum Mittagessen in ein typisches Restaurant am Gardasee ein und bestaunte immer wieder die schöne Landschaft. Ein Tag ist viel zu wenig Zeit, um die vielen schönen Dinge auf dieser Strecke zu besichtigen, deshalb macht es Sinn vor der Tagestour die Tagesziele zu fixieren.

Der Gardasee, einer der oberitalienischen Seen, ist der größte See Italiens, benannt nach der Gemeinde Garda am Ostufer. Er liegt fünfundsechzig Kilometer über dem Meeresspiegel und besitzt eine Länge von knapp zweiundfünfzig Kilometer, so wie eine Breite von etwas über siebzehn Kilometer. Die tiefste Stelle des größten Süßwassersees Italiens beträgt hundertsechsunddreißig Meter und insgesamt beträgt das Volumen des Wassers im See über neunundvierzig Kubikkilometer. Der Gardasee wird hauptsächlich durch den Fluss Sarca im Norden bei Torbole gespeist. Als Mincio verlässt der Fluss bei Peschiera del Garda den Gardasee und fließt später in den großen Po. Im Gardasee befinden sich fünf Inseln, die größte, Isola del Garda mit der Villa Borghese, liegt in der Nähe von Salo. Etwa zwei Kilometer südlich davon, ebenfalls in der Bucht von Manerba und San Felice, liegt die Isola San Biagio auch als "i Conigli" (Kaninchen) bezeichnet. San Biagio ist ein beliebtes Ausflugsziel, das mit dem Boot oder zu Fuß vom Festland (je nach Wasserstand) erreicht werden kann.

Das Klima am Gardasee ist aufgrund der Lage submediterran mit heißen Sommern und niederschlagsarmen und milden Wintern. Durch die Winde ist der See ideal, u.a. für Surfer und Segler, geeignet.

Die Tierwelt ist durch die gute Lage in den Bergen und dem milden submediterranen Klima, so wie dem vielen Süßwasser weit verbreitet und besitzt eine große Artenvielfallt. Dies gilt ebenso für die Pflanzenwelt.

Meine Unterkunft erreiche ich erst am späten Abend und genieße nach einer schnellen Dusche das tolle Abendessen in meinem vier Sterne Hotel. Für die morgige Fahrt nach Genua bereite ich das Motorrad noch am Abend vor, um den Abreisetag etwas gemütlicher anzugehen.

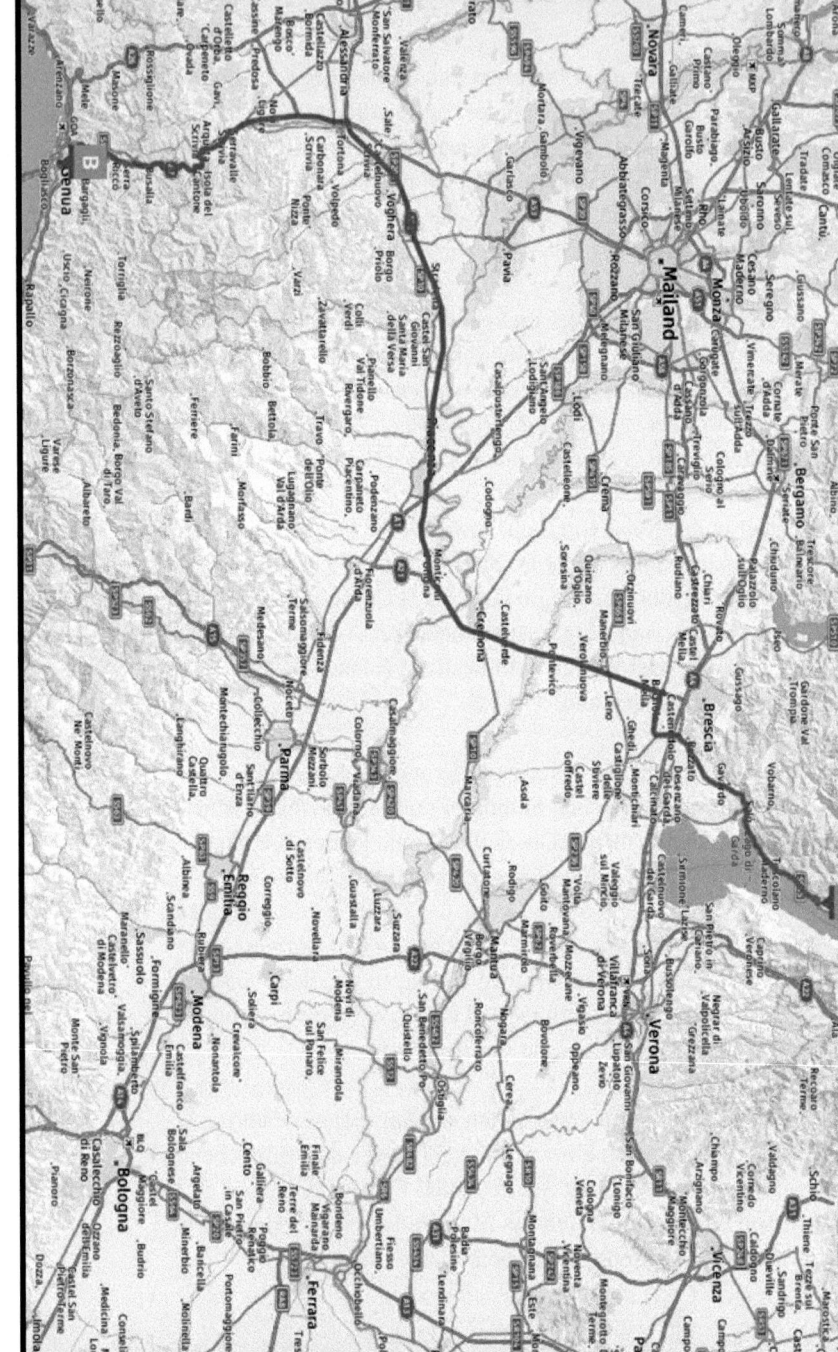

Genua wollte ich mir noch ein wenig anschauen, deshalb fuhr ich früh am Morgen nach einem guten Frühstück los und wählte die schnelle Route über die Autobahn, die mich für die dreihundert Kilometer knapp achtzehn Euro kostete. Es geht den Berg hinunter auf die SS45 und dann in südlicher Richtung der Uferstraße entlang über die Orte Maderna, Salo, Villanuova Sul Clivi, Gavardo, Prevalle, Mazzano, Rezzato bis San Giacomo auf die Autobahn 4 oder E70 Richtung Genua. Vor Brescia geht es nach links auf die Autobahn 21 über Cremona u. Piacenza bis Tortona, danach wechsel ich auf die A7 oder E62 die bis Genua führt. Nach dreieinhalb Stunden erreiche ich mein Tagesziel.

Einen kurzen Zwischenstopp mache ich nur in Genua und buche mich im vier Sterne Nootel Genova City für achtzig Euro pro Nacht ein. Im modernen vollverglasten Hochhaus ist ein kostenfreier Tiefgaragenplatz für mein Motorrad enthalten, was mir in dieser Stadt wichtig ist, zudem kenne ich dieses Haus von früheren Reisen ganz gut. Das Hotel bietet kostenfreies WLAN, einen saisonalen Außenpool, ein Restaurant und geräumige Zimmer mit Sat-TV. Zudem liegt das Haus sehr zentral zwischen der Stadt und dem Hafen, so dass ich alles gut zu Fuß erreichen kann. Denn etwas Bewegung tut mir nach der Fahrt auf der Autobahn ganz gut.

Nach dem Einchecken im Hotel packe ich nur das Nötigste, für eine Nacht vom Motorrad, aus. Denn im Hotel gibt es kostenlose Pflegeprodukte, Handtücher, so wie kostenfreien Kaffee und Tee. Das gebuchte Zimmer verfügt über große Fenster, einen Flachbild-TV, ein bequemes Doppelbett, einen Schreibtisch, sowie ein Bad mit allem was in einem guten vier Sterne Hotel zu erwarten ist. Weil ich am Gardasee noch richtig gut und viel gegessen habe, verzichte ich auf das Mittagessen und mache mich auf den Weg zu Stadtbesichtigung.

Genua liegt im Ligurischen Zena und ist die italienische Hauptstadt und größte Hafenstadt der Region Ligurien. Das im Nordwesten des Landes am Ligurischen Meer gelegene ehemalige Zentrum der im Mittelalter bedeutenden Republik Genua ist heute der Verwaltungssitz einer gleichnamigen Metropolitanstadt. Mit ihren knapp sechshunderttausend Einwohnern ist sie die sechstgrößte Stadt Italiens. Genua ist für ihre jahrhundertelange zentrale Rolle im Seehandel bekannt. In ihrer Altstadt befindet sich die romanische Kathedrale San Lorenzo mit einer schwarz-weiß-gestreiften Fassade und Fresken im Innern. Enge Gassen führen zu Plätzen wie der Piazza de Ferrari mit einem berühmten Brunnen aus Bronze und der Oper Teatro Carlo Felice. Die schönen Prachtstraßen Le Strade Nuove mit seinen Renaissance- und Barockbauten der Palazzi di Rolli im Zentrum der Altstadt wurden im Jahre zweitausendsechs von der UNESCO zum Welterbe erklärt.

Das Wetter ist heute wieder einmal auf meiner Seite und so kann ich die Stadt bei strahlendem Sonnenschein besichtigen. Die Altstadt am Hafen besuche ich und schaue mir auch die ganz neuen Gebäude an. Genua ist eine große gewachsene Stadt, die noch sehr viele alte Gebäude besitzt. Der Hafen, oder besser gesagt die unterschiedlichen Häfen, sowohl für die vielen Segelyachten und Motorbootyachten, der gewaltigen Kreuzfahrtschiffe oder dem Containerhafen werden ständig vergrößert u. dem Bedarf der Stadt angepasst.

Genua ist u.a. auch bekannt für sein Aquarium und der modernen Glaskugel über dem Wasser, in dem sich ein Tropenwald voller Exoten befindet. Beides möchte ich mir heute anschauen. Mit der Glaskugel starte ich, weil diese nur bis neunzehn Uhr geöffnet ist und das Aquarium, oder der blaue Container, bis zwanzig Uhr besichtigt werden kann.

Der Tropenwald voller Exoten in der übergroßen Glaskugel kostet für Erwachsene fünf Euro Eintritt, da ich mich als Senior an der Kasse angemeldet habe bekomme ich den vergünstigten Preis für drei Euro fünfzig, was mich erstaunt. Denn keiner wollte einen Ausweis sehen oder fragte nach, was für mich doch recht erfreulich war, denn damit hätte es bestimmt nicht funktioniert.

Wie gesagt, die Biosphäre ist ein kleiner botanischer Garten, untergebracht in einer riesigen Glaskugel über dem Meer. Man sieht dort viele bedrohte tropische Pflanzen- und Tierarten. Dort sind gigantische Baumfarne, wohl die größten der Welt, viele Nutzpflanzen, wie den Gummibaum, Zimt-Baum, Kakao-, Kaffee- und Vanillepflanzen, exotische Früchte und vieles mehr zu betrachten. Auch die Tierwelt hat hier einiges zu bieten und es gibt leuchtende Vögel, neugierige Papageien, bunte Schmetterlinge, ebenso wie Leguane, Schildkröten und viele weitere Reptilien, Amphibien und Fische zu sehen. Alles wird gut durch einen erfahrenen Guide erklärt, der uns auf der kleinen Reise durch den Regenwald in der Glaskugel begleitet. So wird der Gruppe viel über die Schönheit, Vielfalt, aber auch die Empfindlichkeit der Tropenwälder vermittelt.

Als Letztes führt die Tour in Genua zum Aquarium, das mit siebenundzwanzig Euro Eintritt für Erwachsene nicht gerade günstig ist, aber dafür gibt es sehr viel zu sehen. Auch hier erhalte ich wieder den Seniorenpreis für dreiundzwanzig Euro Eintritt. So viel Glück hatte ich noch nie, oder sehe ich doch schon so alt aus ! Bis zum Schluss der Öffnungszeit schaue ich mir alles in Ruhe an. Das Acquario di Genova beherbergt in siebzig Becken sechshundert Arten an Fischen, Amphibien, Reptilien, Vögeln, Säugetieren und Wirbellosen. Das Spektrum reicht von den Seekühen und Delfinen über die Pinguine und bunten Papageienfische bis zu jenen winzigen Polypen, aus denen die Ohrenquallen entstehen.

Das Aquarium in Genua zählt zu den größten der Welt und im allergrößten Becken, das ein Volumen von einer Million zweihunderttausend Liter besitzt, ziehen die Haie ihre Kreise. Darunter befinden sich Sandtigerhaie, Sägehaie und Sandbankhaie, die sogar im Mittelmeer heimisch sind.

Das Aquarium verlasse ich als einer der letzten Gäste des Tages und laufe wieder zu meinem Hotel. Eine klassische traditionelle Pizzeria entdecke ich unterwegs und kehre dort ein. Nachdem das Mittagessen ausfiel habe ich richtig Hunger bekommen und freue mich auf meine bestellte Pizza mit Käse, Salami, Peperoni, Oliven u. ein paar dicken Stücken Parmesan. Mit einem frisch gezapften Bier lass ich diesen Tag ausklingen.

Das Frühstück fällt aus, es gibt nur einen Cappuccino und ein Croissant und danach starte ich sehr früh am Morgen meine V-Strom um heute eine große Distanz bis nach Rom zurückzulegen. Unterwegs möchte ich mir den schiefen Turm von Pisa u. die Hafenstadt von Rom, nämlich Civitavecchia anschauen. Da heute schlechtes Wetter für Motorradfahrer angesagt ist, ziehe ich mir gleich bei der Abfahrt die Regenhose über meine Lederhose an. So ist es bei frischem Wetter angenehm und wenn der Regen kommt muss ich nicht extra anhalten, womöglich noch mitten auf der Autobahn.

Von Genua führt die Route auf der Autobahn A12 über La Spezia Richtung Livorno und kurz vor der Stadt biege ich links nach Pisa, in die Ortschaft mit rund neunzigtausend Einwohner ab. Nach hundertsiebzig Kilometer, etwas über zwanzig Euro Maut für die Autobahn und weniger als zwei Stunden Fahrzeit erreiche ich Pisa und finde auf Anhieb den Schiefen Turm. Leider musste ich die letzten dreißig Kilometer, im starken Regen, auf der Autobahn zurücklegen und war ständig damit beschäftigt das Visier am Helm von den Wassertropfen zu befreien. Zum Glück hatte ich schon die Regenhose an.

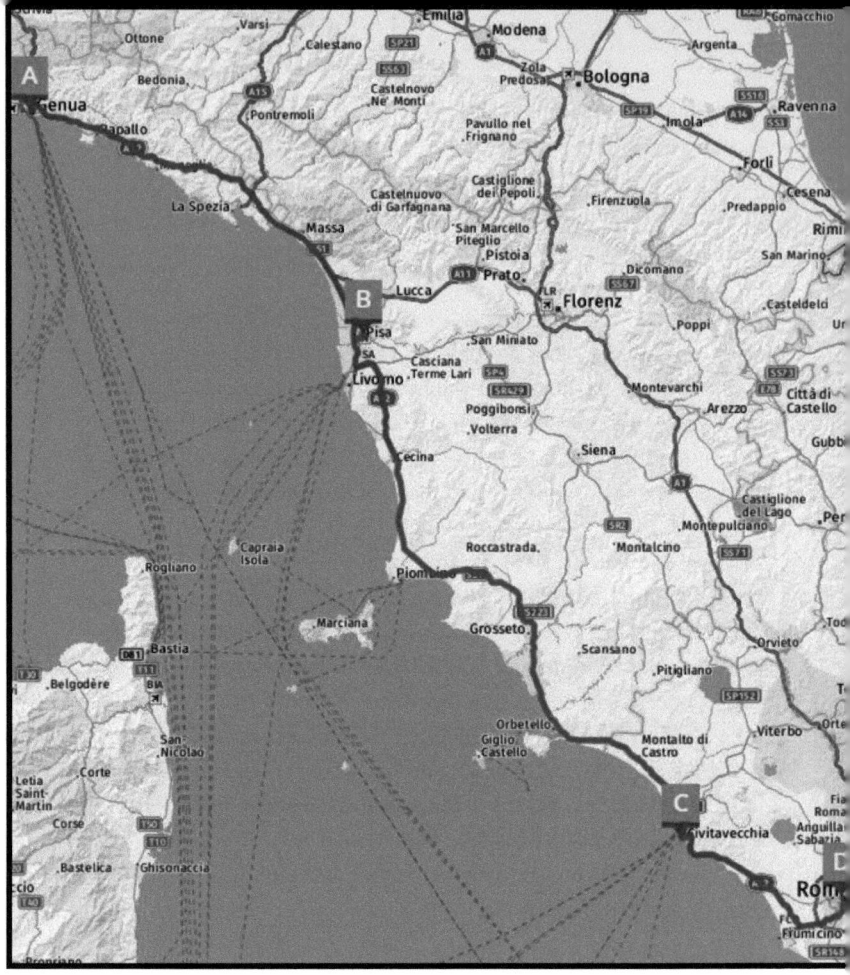

Pisa ist eine Stadt in der schönen italienischen Region Toskana, die vor allem durch ihren berühmten Schiefen Turm auf der ganzen Welt bekannt geworden ist. Leider durfte ich die Stadt nur im Regen sehen, etwas schade für die Fotos. Wegen dem schlechten Wetter machte ich auch nur einen kurzen Fotostopp.

Der sechsundfünfzig Meter hohe Glockenturm von Pisa besteht aus weißem Marmor und wurde im Jahre dreizehn-hundertzweiundsiebzig fertig gestellt.

Seit der Fertigstellung neigt sich der Glockenturm zur Seite. Er steht neben der romanischen Kathedrale aus gestreiftem Marmor auf der Piazza dei Miracoli. Hier befindet sich auch das Baptisterium, dessen hervorragende Akustik täglich von Amateursängern demonstriert wird. Gleich nebenan liegt auch der alte Friedhof Caposanto Monumentale.

Der Mittelpunkt des historischen Viertel San Martino, Santa Maria, San Francesco und Sant Antonio ist die zentrale Arno-Brücke, der Ponte di Mezzo. Pisa ist ein Bildungszentrum und beherbergt einige Eliteschulen von Italien, z.b. die Universität Pisa, die Scuola Normale Superiore und die Scuola Superiore Sant Anna. Die über vierzigtausend Studenten in Pisa bilden fast die Hälfte der Einwohnerzahl dieser schönen Stadt und prägen natürlich dessen Stadtbild. Zudem spielt der nationale und internationale Tourismus in Pisa eine erhebliche Rolle.

In einem kleinen Straßencafé gönne ich mir einen großen heißen Cappuccino, bevor ich weiter nach Civitavecchia fahre, den ich auch dringend benötige, um mit dem schlechten Wetter besser zurechtzukommen. Mit der Regenkleidung geht es auf der V-Strom weiter auf die Autobahn A12 bzw. die SS1 über Livorno, Cecina, Grosetto bis Civitavecchia. Die zweihundert-sechzig Kilometer fahre ich fast nur im Regen und erst zwanzig Kilometer vor dem Ziel wird es wieder etwas trockener. Die Strecke kostete nur acht Euro Maut u. die waren gut investiert, denn bei dem Wetter sollte man nicht über die kleinen Land-straßen fahren, weil es mit dem Motorrad einfach gefährlicher als auf der Autobahn ist. In Civitavecchia tanke ich das Bike und putze ganz grob das Motorrad mit dem Dampfstrahlgerät, bevor es zu Fuß durch die Innenstadt und den Hafen der Stadt geht. Gerade fertig mit der Reinigung des Motorrades hört es doch tatsächlich ganz auf zu regnen. Trockenen Fußes kann ich so meine kleine Stadtbesichtigung durchführen.

Inzwischen ist es Mittagszeit und ich esse in einem kleinen Schnellrestaurant in der Fußgängerzone ein Stück Pizza und order einen großen heißen Cappuccino. Im Hafen von Civitavecchia liegen große stählerne Kreuzfahrtschiffe, deshalb wimmelt es in der Stadt nur so von Kreuzfahrern.

Civitavecchia gehört mit seinen fast dreiundfünfzigtausend Einwohnern zur Region Latium und ist die bedeutendste Hafenstadt dieser Region. Die Wirtschaft der Stadt stützt sich hauptsächlich auf den Hafen, der für die Stadt Rom und die Region Latium von außerordentlicher verkehrstechnischer Bedeutung ist. Es gibt dort ein modernes Passagierterminal, über den der Fährverkehr nach Sardinien, Sizilien, Spanien u. Frankreich abgewickelt wird, aber auch der stetig wachsende Markt der Kreuzfahrtschiffe wird hier bedient. Die Stadt bietet aber auch einiges in Sachen Bildung, so ist z.B. hier der Standort der Universität Tuscia mit der Fakultät für Mathematik, Physik und Naturwissenschaften, so wie der Universität La Sapienza mit den Fakultäten für Medizin, Wirtschaft und den Ingenieurswissenschaften.

Sehenswertes in Civitavetcchia ist vor allem die gewaltige Festung Forte Michelangelo, die im Auftrag von Papst Julius II. von Donato Bramante begonnen und vom namensgebenden Michelangelo vollendet wurde. Die Festung am Hafen ist das Wahrzeichen der Stadt. Des Weiteren gibt es noch die Tauriner Thermen oder Thermen des Trajan, dies ist ein Ausgrabungsgelände in der Nähe der Autobahnausfahrt Civitavecchia-Nord. Der Legende nach soll ein Stier mit den Hufen den Boden aufgekratzt haben und so wurde das warme Thermalwasser entdeckt, das den Anstoß für den Bau der Thermen in der Antike gab. Trajan, der sich genauso wie Mark Aurel hier aufhielt, baute den Gebäudekomplex aus u. ganz in der Nähe liegen die modernen Ficoncella-Thermen, die oft ein Ziel erholungsbedürftiger Menschen aus der Hauptstadt sind.

Für die Freunde des Segelsports und der Motorboote gibt
es im Süden der Stadt den Freizeithafen Riva di Traiano mit
über tausendeinhundert Anlegeplätzen. Als letztes sei noch
der Antike aus der Zeit um hundertzehn stammende Fortino
di San Pietro, der Rest eines antiken Leuchtturms, zu nennen.

Die Festung und den Hafen habe ich mir u.a. angeschaut und
die übergroße Figur eines Matrosen der seine Geliebte küsst,
die auf dem Vorplatz vor der Festung, am Strand, aufgestellt
wurde. Den Leuchtturm und ein paar historische Gebäude,
den Wochenmarkt und die kleine Fußgängerzone, so wie
den Markt der Stadt waren meine Ziele in Civitavecchia.
Es ist eine interessante, schöne u. ruhige Stadt, auch wenn
gerade etwas mehr durch die Kreuzfahrtgäste los war.

Am späten Nachmittag machte ich mich auf den Weg in
die Hauptstadt Italiens, nämlich Rom. Nach einer Fahrt
auf meiner V-Strom, legte ich die achtzig Kilometer auf
der SS1, bei trockenem Wetter zurück und kam nach einer
guten Stunde in meinem Hotel an. Die Maut kostete auf
der Autobahn drei Euro und sechzig Cent.

In Rom komme ich am Abend, in meiner privaten Pension,
in der City an. Die kostete mich nur fünfzig Euro pro Nacht
mit einem kleinen Frühstück, das ist für diese Stadt schon
ein sehr günstiger Preis. Dafür bekomme ich ein schönes
Zimmer mit einem eigenen Bad, das eine saubere Dusche,
Waschbecken und Toilette beinhaltet.

Unterwegs stoppte ich kurz vor dem Ziel zum Tanken
und um im deutschen Supermarkt ein paar Kleinigkeiten
zu kaufen, weil ich keine Lust mehr hatte am Abend in
der Stadt umherzulaufen und ein Restaurant zu suchen.
Das weniger schöne Wetter machte mich müde und ich
war vom heutigen Tag doch relativ erschöpft.

Der Vermieter wartete auf mich und zeigte mir mein gebuchtes Zimmer, das ich anschließend bezog und mir bequem einrichtete. In einer ganz kleinen Garage, mit einem alten Holzschwenktor, durfte ich mein Motorrad abstellen. Total erschöpft führte ich noch die üblichen Wartungsarbeiten am Motorrad durch und sprühte vor allem, nach der Fahrt im Regen, die Kette gut ein.

Auf dem Zimmer duschte ich noch ganz heiß, um mich etwas aufzuwärmen u. die steifen Gliedmaßen zu entspannen. Anschließend gab es zum Abendessen eine kleine Salami und ein Stück würzigen italienischen Käse zum frischen Ciabatta. Dazu gönnte ich mir einen dunklen kräftigen Rotwein aus der Gegend. Nach dem leckeren Essen schlief ich vor lauter Müdigkeit gleich ein und fiel in einen tiefen erholsamen Schlaf, aus dem ich am nächsten Morgen durch die ersten Sonnenstrahlen sanft geweckt wurde.

Nach dem kleinen Frühstück in meiner Pension startete ich meine Citytour in der italienischen Hauptstadt, die auch Hauptort der Region Latium und historische Hauptstadt des Römischen Reichs, so wie des Kirchenstaats ist. Die Stadt liegt in der Mitte der italienischen Halbinsel am Fluss Tiber. Mit rund drei Millionen Einwohnern im Stadtgebiet bzw. rund vier Millionen Einwohnern in der Stadtregion ist sie die größte Stadt Italiens sowie die drittgrößte der Europäischen Union. Außerdem ist Rom mit einem Gemeindegebiet von über tausendzweihundertsiebenundachtzig Quadratkilometer die flächenmäßig ausgedehnteste Stadt in Italien. Die kosmopolitische Großstadt hat knapp dreitausend Jahre Kunstgeschichte, Architektur und Kultur von Weltrang. Antike Ruinen, wie das Forum und das Kolosseum, zeugen von der einstigen gigantischen Macht des großen Römischen Reiches. Gegründet wurde die Weltstadt Rom im Jahre siebenhundertdreiundfünfzig vor Christus.

In der Hauptstadt befindet sich u.a. der Sitz des Vatikans der römisch-katholischen Kirche, ist Standort des Petersdoms und der Vatikanischen Museen, in denen Meisterwerke wie die Fresken Michelangelos in der Sixtinischen Kapelle beheimatet sind. Innerhalb der Stadtgrenzen von Rom befindet sich, wie schon gesagt, auch der Vatikanstaat u. die Vatikanstadt. Dieser ist ein unabhängiger Binnenstaat und Sitz des Papstes, also des Bischofs von Rom. Dieser ist das Oberhaupt der römisch-katholischen Kirche, sowie des Heiligen Stuhls, das letztere bildet ein eigenständiges Völkerrechtssubjekt, womit die Stadt Rom den Sitzes des Malteser-Ritterordens und zwei von drei nichtstaatlichen Völkerrechtssubjekten beherbergt. Zudem haben dort die UNO-Unterorganisationen FAO, IFAD und WFP ihren festen Sitz. Die schöne und große Stadt Rom ist außerordentlich reich an bedeutenden Bauten und Museen und Ziel zahlreicher Touristen aus der ganzen Welt. Die Altstadt von Rom, der Petersdom und die Vatikanstadt wurden von der UNESCO im Jahre neunzehnhundertachtzig zum Weltkulturerbe erklärt. Um einen kleinen Teil dieser gigantischen Stadt und dessen imposanten Gebäude bequem anschauen zu können, kaufe ich mir einen Rom City Pass. Da ist für sieben Euro und das für vierundzwanzig Stunden der Nahverkehr mit den Metrolinien in Rom A, B, und C, den Bussen, der Tram, den Regionalzügen und den Vorortzügen im Innenstadtgebiet kostenfrei enthalten.

Natürlich ist ein Tag in Rom viel zu wenig Zeit um diese wunderschöne historische Stadt anzuschauen, aber für einen ersten Eindruck der wichtigsten Gebäude und Institutionen reicht es schon. Auf der Tagestour habe ich mir  das schöne Nationaldenkmal für Viktor Emanuel II. angeschaut. Das Nationaldenkmal wird "Altar des Vaterlands" genannt und wurde neunzehnhundertsiebenundzwanzig fertig gestellt.

Dieses beindruckende und gewaltige Gebäude mit seinen vielen hohen Rundsäulen und je einer Quadriga auf dem rechten und linken Dach des Gebäudes, wirkt schon sehr spektakulär. Eine Quadriga (lateinisch) heißt im Deutschen auch Viergespann und ist nach antikem Vorbild ein zweirädriger Streitwagen, der von vier nebeneinander gehenden Zugtieren, meist Pferden, gezogen wird. Dieses Prachtgebäude liegt auf dem Kapitolshügel am Südende der Via del Corso zwischen der Piazza Venezia und dem Forum Romanum, gleich neben dem Trajansforum. Gewidmet wurde dieses große Monument dem ersten König des neugegründeten Königreichs Italien, nämlich dem Viktor Emanuel II. aus dem Haus Savoyen. In diesem Gebäude befindet sich heutzutage das Museo del Risorgimento, das an die italienische Staatsgründungsbewegung im neunzehnten Jahrhundert erinnert. Des Weiteren zählt dieses Bauwerk zu den Staatssymbolen der Italienischen Republik.

Selbstverständlich darf der Besuch des Vatikans nicht auf meinem Tagestrip fehlen. Dazu gehört der große Petersdom, das Vatikanischen Museen, der Petersplatzes mit seinen halbrunden, auf Säulen getragenen Gebäuden und der Vatikanischen Audienzhalle, so wie die Engelsbrücke über dem Fluss Tiber. Der Petersdom mit seiner gewaltigen Rundkuppe, die über hundertdreiunddreißig Meter über dem Boden ragt ist das hervorstechende Gebäude auf dem Areal des Vatikans. Das Gebäude wurde durch mehrere Baumeister in den Jahren fünfzehnhundertsechs bis sechzehnhundertsechsundzwanzig erstellt und besitzt eine Grundfläche von über zwanzigtausend Quadratmeter. In den Vatikanischen Grotten unterhalb des Petersdoms befindet sich eine große Krypta, die aus mehreren großen Räumen besteht, in denen die Papstgräber besichtigt werden können. Die Inneneinrichtungen sind sehr prachtvoll gestaltet.

Rom bietet einige schöne, zum Teil recht hohe Siegessäulen, eine davon, die mir besonders gut gefiel habe ich abgelichtet.

Die Spanische Treppe wurde im Jahr siebzehnhundertdreiundzwanzig erbaut und liegt unterhalb der gelegenen Piazza di Spagna in der City. Sie ist eine der bekanntesten Freitreppen der Welt und wird sehr gerne für Werbezwecke, Fernseh- und Kinofilme genutzt. Dementsprechend voll war sie bei meinem Besuch, vor allem die vielen jungen Menschen, insbesondere die Frauen wollten unbedingt ein Foto auf dieser Treppe. Nicht weit entfernt befindet sich der populärste Brunnen von Rom, es handelt sich um den Trevi-Brunnen, der rund sechsundzwanzig Meter hoch und circa fünfzig Meter breit ist. Mit diesen Ausmaßen ist er der größte Brunnen Roms und einer der wichtigsten Sehenswürdigkeiten dieser Stadt. Eine alte Legende besagt, dass man nur nach Rom zurückkehrt, wenn man eine Münze in den Trevi-Brunnen, oder einen anderen Brunnen Italiens wirft. Da dies natürlich so gut wie jeder Urlauber gerne möchte, der die Ewige Stadt einmal gesehen hat, landen jeden Tag über viertausend Euro in verschiedenen Währungen im Trevi-Brunnen. Dies gilt aber nur, wenn die Münze in der richtigen Vorgehensweise eingeworfen wird. Dazu nehme man eine Münze in die rechte Hand, stelle sich mit dem Rücken zum Brunnen, schließe die Augen u. werfe das Geldstück über die linke Schulter in das Wasser des Brunnens. Wer noch eine zweite Münze in den historischen Trevi-Brunnen wirft, darf zudem darauf hoffen, sich in einen Römer oder eine Römerin zu verlieben, u. das dritte geworfene Geldstück bedeutet gar, dass man seine neue Bekanntschaft heiraten wird. Immer wieder kommt es vor, dass Menschen in den Brunnen steigen u. sich des Geldes bedienen, das aber bei Strafe verboten ist, denn dieses Geld soll in die Kassen der römischen Caritas fließen, um bei der Finanzierung wohltätiger Projekte zu helfen. Da ich verheiratet bin, warf ich nur einmal eine Münze in dem vorgegebenen Ablauf hinein.

Das Kolosseum stand als nächstes auf meinem Programm. Es hält gleich mehrere Rekorde, denn es ist das größte der im antiken Rom erbauten Amphitheater, der größte geschlossene Bau der römischen Antike und weiterhin das größte je gebaute Amphitheater weltweit. Dieses spektakuläre Gebäude wurde im Jahre achtzig nach Christus fertig gestellt und diente als Austragungsort grausamer und brutaler Veranstaltungen, die von Mitgliedern des Kaiserhauses zur Unterhaltung und Belustigung der freien Bewohner Roms und des römischen Reiches bei kostenlosem Eintritt ausgerichtet wurden. Damals konnte das Kolosseum schon über fünfzigtausend Zuschauer aufnehmen, natürlich waren die besten Plätze in der erste Reihe den röm. Senatoren vorbehalten, so wie dem Kaiser in der kaiserlichen Loge. Das Bauwerk ist über achtundvierzig Meter hoch und misst einen Außendurchmesser von mehr als hundertachtundachtzig Meter. Heute ist die Ruine des Kolosseums eines der Wahrzeichen der Stadt und zugleich ein Zeugnis für die außerordentliche Leistung der Baukunst der Römer, in der Zeit der Antike.

Die Engelsburg, oder italienisch Castel Sant Angelo oder Mausoleo di Adriano, in Rom ist mein vorletztes Ziel an diesem Tag. Die ursprüngliche Nutzung der Gebäude diente als Mausoleum für den römischen Kaiser Hadrian u. seine Nachfolger. Später jedoch wurde die Engelsburg von verschiedenen Päpsten zur Kastellburg umgebaut. Ab neunzehnhundertsechs diente sie nur noch als Museum. Das aus Vulkangestein gebaute Grabmal wurde im Jahre hundertneununddreißig fertig gestellt und hat die Form eines flachen Zylinders, dessen Ausmaße zwanzig Meter hoch und vierundsechzig Meter im Durchmesser beträgt. Dieser flache Zylinder steht auf einem quadratischen Sockel mit den Maßen von rund siebenundachtzig Meter Seitenlänge und einer Höhe von zehn bis fünfzehn Meter.

Die Oberseite des Zylinders wurde vermutlich als Garten mit einer Grünanlage und schattenspendenden Zypressen gestaltet. Die Archelogen gehen davon aus, dass in der Mitte wahrscheinlich ein kleiner runder Tempel und an der Spitze eine Quadriga stand. Hier streiten sich die Fachleute noch ein wenig, ob es vielleicht nicht doch nur ein hoher Kegel aus Stein war.

Die wichtigste Ausgrabungsstätte des antiken Roms ist mein letzter Besuch in dieser Stadt auf dieser Reise. Die Maxentiusbasilika im Forum Romanum oder der Römische Marktplatz in Rom ist das älteste römische Forum und war Mittelpunkt des politischen, wirtschaftlichen, kulturellen und religiösen Lebens dieser Stadt zu dieser Zeit. Es liegt in einer Senke zwischen den drei Stadthügeln Kapitol, Palatin und Esquilin und war der Ort vieler öffentlicher Gebäude und Denkmäler. Die Anlage weist durch archäologische Befunde eine Zeit des Bestehens seit dem achten Jahrhundert vor Christus nach. Den Höhepunkt des prachtvollen Ausbaus erlebte die Anlage in der Römischen Kaiserzeit.

Zum späten Abend kehrte ich in eine traditionelle Pizzeria ein und gönnte mir eine römische Pizza mit Salami, Pilzen, Oliven und natürlich viel Käse. Dazu ein großes Bier, denn ich bekam vom vielen Laufen in dieser Stadt einen großen Durst.

Am nächsten Morgen startete ich wieder sehr früh nach dem Frühstück, um mich auf den Weg nach Bari zu machen und unterwegs einen kleinen Blick auf die Stadt Neapel zu werfen. Um schneller voran zu kommen wähle ich die Autobahn, obwohl dies für Biker nicht die bevorzugten Straßen sind und mich die rund vierhundertachtzig Kilometer sechsunddreißig Euro Maut kosten, aber ich gewinne Zeit für die Besichtigung und spare mir eine Übernachtung in Neapel.

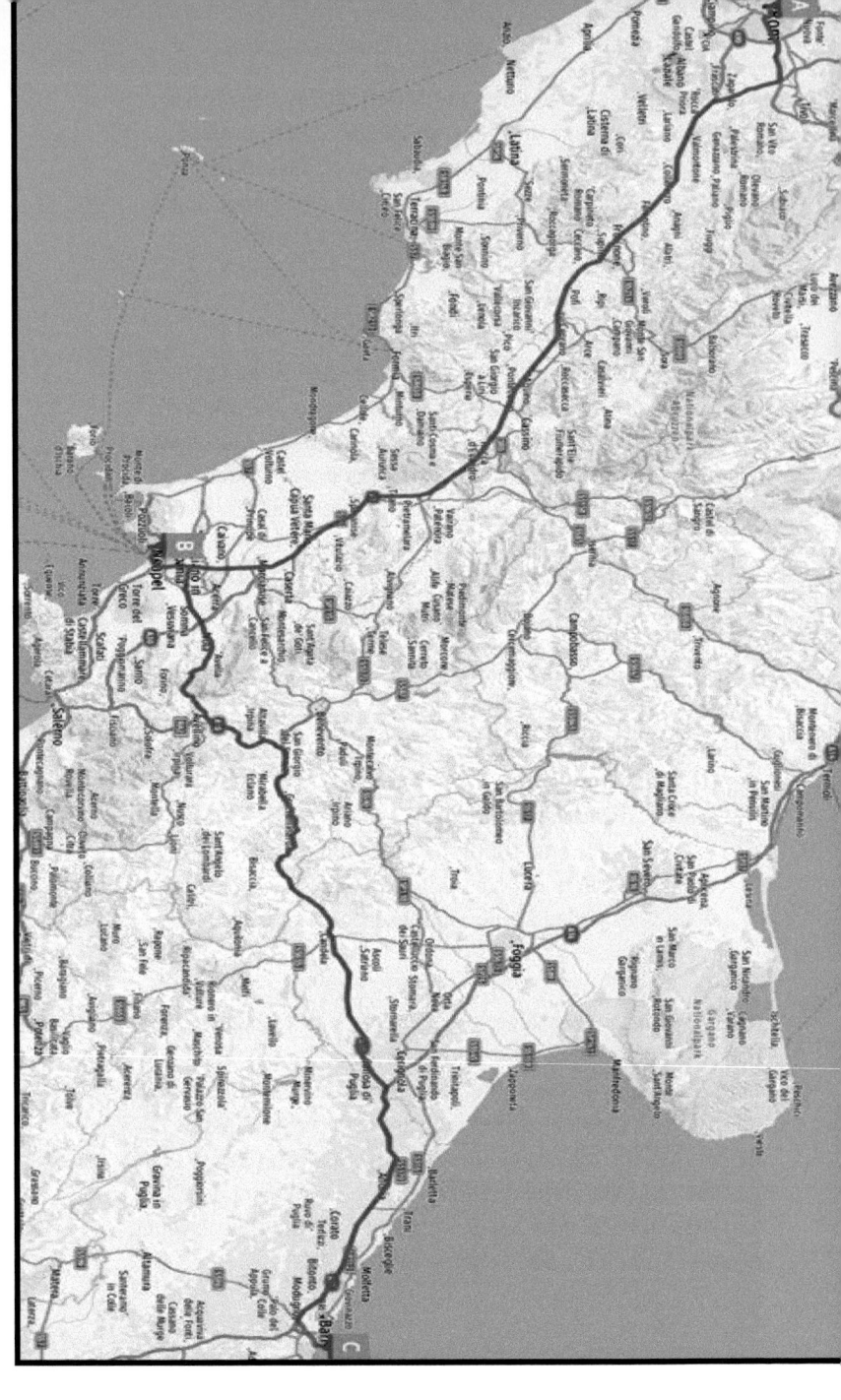

Die Route führt von Rom auf der Autobahn A1 über Anagni, Frosinone, Cassino, Calvi Risorta, Caserta direkt bis Neapel. Die Autobahn ist gut befahren, aber nicht überfüllt. Nach zweieinhalb Stunden Fahrzeit und rund zweihundertdreißig zurückgelegten Kilometern erreiche ich die drittgrößte Stadt Italiens.

Neapel hat rund eine Million Einwohner und ist die Hauptstadt der Region Kampanien, sie ist das wirtschaftliche und kulturelle Zentrum Süditaliens. Die Metropolregion hat bis zu viereinhalb Millionen Einwohner. Neapel liegt einerseits am Golf von Neapel und befindet sich anderseits unweit des noch immer aktiven Vulkans Vesuv, durch den die nahe Römerstadt Pompeji verschüttet wurde. Die Geschichte der Stadt reicht bis in das zweite Jahrtausend vor Christus zurück, wodurch die Stadt über bedeutende Kunst und Architektur aus vielen Jahrhunderten verfügt. Eines der bedeutendsten Bauten ist die Kathedrale von Neapel, der Duomo di San Gennaro, sie ist mit vielen Fresken verziert. Weitere bekannte Wahrzeichen sind der prächtige Königspalast und das Castel Nuevo, eine Burg aus dem dreizehnten Jahrhundert oder das jüngere Castel Sant Elmo aus dem fünfzehnten Jahrhundert, das oben auf einem Berg über der Stadt liegt. In den inneren alten Stadtteilen findet man zahlreiche historische Bauten und Kulturdenkmäler, deshalb wurde neunzehnhundertfünfundneunzig die gesamte Altstadt zum UNESCO-Weltkulturerbe erklärt. Das heterogene Stadtbild von Neapel bietet Vorstädte mit riesigen Wohnkomplexen und weiten Flächen im Kontrast zu den engen und stark frequentierten Gassen der Altstadt. In den Stadtteilen westlich des Zentrums konzentriert sich der Reichtum und in den inneren Bezirken so wie der Altstadt gibt es teilweise eine Überbevölkerung und ökonomisch rückständige Gebiete. So ist auch die soziale Lage der Vorstädte ganz unterschiedlich, teilweise handelt es sich um Arbeiterviertel, oder im Zuge des soz. Wohnungsbaus entstandene Satellitenstädte, so wie auch ländliche Gebiete.

Eines der ganz großen Probleme ist die überdurchschnittlich hohe Arbeitslosigkeit in Neapel, deshalb spricht man auch vom "Armenhaus Italiens".

Mein Motorrad parke ich direkt vor der historischen Burg oder Castel Nuovo am Hafen, um diese zu besichtigen. Weil es so früh am Tag schon sehr warm und sonnig ist, ziehe ich möglichst unauffällig meine Motorradkleidung aus und dafür die kurze Hose und ein T-Shirt an. Nur bewaffnet mit der Camera, den Reisedokumenten im Brustbeutel und dem Bargeld in der Hosentasche geht es auf Entdeckungstour.

Das Castel Nuovo ist eine Burg und eines der bekanntesten Bauwerke von Neapel. Das Gebäude wurde seit dem Baubeginn im Jahre zwölfhundertneunundsiebzig mehrfach umgebaut und renoviert. Nach nur drei Jahren wurde die Burg unter der Aufsicht des Priesters Pierre de Chaule, der als Architekt fungierte, fertig gestellt. Sie diente unter verschiedenen Königen meist in einer Doppelfunktion als Festung und Residenz. Die massive Burg sticht besonders durch ihre fünf rundlichen und natursteingemauerten Verteidigungstürme hervor, aber auch durch den hellen Triumphbogen am Haupteingang, der zwischen zwei Türmen gemauert wurde. Im hellen Stein des Triumphbogens wurden ganz fein ausgearbeitete und sehr schöne Figuren gemeißelt. Diese Burg ist schon sehr massiv, gewaltig und sehr schön erhalten. Heutzutage ist die Burg die Heimat des Stadtmuseums der Stadt Neapel.

Weil der Palazzo Reale in Neapel dem Castel Nuovo am nächsten steht, ist dies mein neues Ziel. Der Palazzo Reale oder Königspalast steht in der Altstadt zwischen der Piazza del Plebiscito und dem Hafen. Der Architekt Domenico Fontana erhielt um sechzehnhundert den Auftrag für einen Neubau, der zwanzig Jahre später abgeschlossen war.

Der Palazzo Reale war bis achtzehnhunderteinundsechzig eine Residenz des Königshauses Bourbon-Sizilien und bis neunzehnhundertsechsundvierzig eine Residenz des Hauses Savoyen. Seit neunzehnhundertneunzig ist in dem langen mehrstöckigen roten Königshaus ein staatliches Museum "Museo di Palazzo Reale" untergebracht, zu dem auch die monumentale Ehrentreppe, der Thronsaal und das kleine Hoftheater gehören.

Nach dieser Besichtigung fahre ich mit meiner V-Strom anschließend den kleinen Berg "Vomero" hinauf, um mir das Castel Sant Elmo anzuschauen. Auf dem Foto ist die Festung Castel Sant Elmo und das Museum Certosa di San Martino zu sehen. Beide Gebäude sind ein weit sichtbares Wahrzeichen der Stadt Neapel. Die Festungsanlage wurde im Jahre dreizehnhundertneunundzwanzig während der Regentschaft von Robert von Anjou begonnen und im Jahr seines Todes dreizehnhundertdreiundvierzig abgeschlossen. Heute beherbergt die Festung verschiedene Kultur- und Wissenschaftseinrichtungen, unter anderem die Kunst-historische Bibliothek "Biblioteca di Storia dell Arte".

Genug Burgen und Festungen habe ich nun angeschaut und fahre auf meinem Motorrad zum Hafen zurück um eine kleine Rundfahrt auf dem Meer vor der Stadt Neapel zu unternehmen. Hier gibt es ein wunderschönes Panorama auf die Stadt und den Vulkan Vesuv zu sehen, leider ist es etwas neblig, so dass die Fotos unscharf werden.

Nach der Bootsfahrt laufe ich durch die Altstadt von Neapel und betrachte die engen Gassen mit ihren halb verfallenen Häusern, die ein wenig Putz und neue Farbe dringend nötig haben. Einen großen Cappuccino gönne ich mir am Spätnachmittag und ein leckeres Stückchen Kuchen, bevor ich die Fahrt nach Bari fortsetze.

Das Wetter ist an diesem Tag deutlich besser als am Vortag, deshalb macht mir sogar die Fahrt auf der Autobahn von Neapel nach Bari Spaß. Es geht in Neapel auf die Autobahn A16 über Nova, Avellino, Grottaminarda, Candela bis Canosa di Puglia und dann wechsel ich auf die Autobahn A14 über Andria nach Bari. Für diese über zweihundertsechzig Kilometer lange Strecke benötige ich auf dem Motorrad knapp drei Stunden und es kostet mich einundzwanzig Euro Maut. Die Straße ist nicht besonders gut, vermutlich weil hier sehr viele Lastkraftwagen unterwegs sind.

Die gebuchte private Pension in der City von Bari erreiche ich durch mein Navi sofort und bekomme dort auch wieder einen Parkplatz in einer einfachen Garage. Das Gepäck vom Motorrad auf mein Zimmer gebracht, die hundert Euro Übernachtung mit Frühstück für zwei Nächte bezahlt, die Wartungs- und Kontrollarbeiten am Motorrad durchgeführt, schnell geduscht und dann in die Stadt um etwas zu essen.

Ein großes Rinderhüftsteak mit einer Folienkartoffel und Kräuterquark,  so wie einen Salat leistete ich mir in einem tollen Steakhouse in Bari. Nach dieser Tour, nur dem Cappuccino und dem kleinen Stück Kuchen am Nachmittag, hatte ich mir das auch verdient, dachte ich mir. Zum späten Abendessen trank ich ein dunkles Hefeweizenbier u. danach für den Genuss ein kleines Glas Rotwein als Absacker. So müde war ich danach, dass ich sofort in der Pension in mein Bett fiel und bis zum nächsten Morgen sehr gut durchschlief.

Gut gefrühstückt starte ich zu Fuß die Besichtigung in Bari. Die Stadt ist mit ihren über dreihundertzwanzigtausend Einwohnern überschaubar und gemütlich, sie wirkt ein wenig Kroatisch, dies liegt sicherlich an der Nähe zum Nachbarn über das Mittelmeer. Die Hafenstadt Bari liegt an der Adria und ist die Hauptstadt der süditalienischen Region Apulien.

Die romantische Altstadt Bari Vecchia mit ihrem Gassen-
gewirr liegt auf einer Landzunge zwischen zwei Häfen.
Mitten in den engen Gassen steht u.a. die Basilika San Nicola
aus dem elften Jahrhundert, diese Kirche ist eine bedeutende
Pilgerstätte, in der Überreste des Heiligen Nikolaus aufbewahrt
werden. Im Süden der Hauptstadt liegt das Viertel Murat und
wartet mit eleganten Bauwerken aus dem neunzehnten Jahrhundert, einer Promenade u. Fußgängerzonen mit Geschäften
auf.

Die weiße natursteingemauerte Basilika San Nicola erkennt
man gut an ihrem spitzen Satteldach über dem Haupteingang
und vor der Kirche der lebensgroße in Bronze gefasste Sankt
Nikolaus, der zudem im Seitenschiff der Basilika als Statue
prachtvoll im gelb-roten Gewand ausgestellt ist.

Die dreischiffige Pseudo-Emporenbasilika mit großem Ost-
querhaus ist die Kathedrale San Sabino, die im Jahre elf-
hundertsiebzig bis elfhundertachtundsiebzig erbaut wurde.
Im Innenraum sind neben der Kanzel und dem reichen
Ornamentschmuck der Kathedrale der rekonstruierte Altar-
bereich mit dem aus Originalteilen zusammengesetzten
Ziborium, sowie der beeindruckende Bischofsthron. In der
überformten Krypta im Barockstil befinden sich einige mittel-
alterliche Fresken. Ich bin nicht der übermäßige Kirchen-
gänger, aber schaue mir im Ausland schon mal gerne die
schönen und beeindruckenden Kirchenbauwerke an. Hier
kam ich auch noch rechtzeitig zum Gottesdienst und nahm
daran ein wenig teil. Um die Kirchen stehen heute einige
Polizisten und eine Politesse mit dem schicken italienischen
Schiffchenhut u. blonden langen Lockenhaar weist gerade
eine Person zurecht, die wohl die guten Manieren ein wenig
verloren hat. Auf dem Fußweg zur Castello Normanno-Svevo
di Bari entdecke ich schöne Brunnen und weitere ausgestellte
Steinmetzarbeiten.

Im Jahre elfhunderteinunddreißig wurde der Bau des Castello Normanno-Svevo di Bari, was übersetzt normannisch-staufische Burg heißt, auf Befehl von Roger dem Normannen begonnen. Das Kastell wurde auf den Überresten einer byzantinischen Festung aus dem elften Jahrhundert gebaut. Bei Ausgrabungen in Bari wurden im Nord- und Westflügel Elemente freigelegt, die sicher darauf hindeuten, dass vor der byzantinischen Bebauung ein Sakralbau vorhanden war, der zum ältesten Stadtkern der Stadt gehört. Die Burganlage ist sehr schön renoviert und erhalten, der saftig und gut gepflegte grüne Rasen im Burggraben, so wie die Palmen lassen die Einrichtung noch schöner erscheinen.

Das älteste Theater der Stadt Teatro Piccinni wurde im Jahre achtzehnhundertvierundfünfzig erbaut und ein Jahr später dem in Bari geborenen Komponisten Niccolo Piccinni ihm zu Ehren seinen Namen gegeben. Das rote dreistöckige Gebäude, mit seinem weißen auf vier Rundsäulen getragenen Mittelteil und dem angedeuteten Satteldach ist symmetrisch gehalten und wirkt groß und schön, aber auf keinen Fall überladen.

Das ebenfalls dreistöckige Theater Petruccelli, das auch in Rot gehalten wurde und im Haupteingang halbrund überdacht ist, erhielt Verzierungen aus schönen weißen Steinfiguren.

Auch das Hauptgebäude der Universität in Bari, der Aldo-Moro-Universität, wurde in Rot und dreistöckig gebaut, es ist leicht am rechteckigen Uhrturm über dem Haupteingang zu erkennen. Die staatliche Universität wurde neunzehn-hundertfünfundzwanzig gegründet und mit ihren rund zwei-tausend wissenschaftlichen Angestellten werden über sechzigtausend Studenten in zwölf Fakultäten unterrichtet.

Der nächste Fußweg geht über die schöne Promenade, mit den alten gusseisernen Laternen, zum Fischmarkt entlang.

Der Weg verläuft parallel zum Meer und bietet eine wunderschöne Sicht auf die Stadt, so wie dessen Häfen. Der Fischmarkt der Stadt findet in einem sehr schönen historischen Gebäude mit einer Kuppe aus Blech und zwei Türmen am Eingang statt. Fischmärkte mag ich sehr, weil hier die Vielfalt der im Meer lebenden Tiere zu sehen ist und ich gerne frischen Fisch esse.

Zum Abend geht es noch in das Viertel Murat, um dort die eleganten Bauwerke aus dem neunzehnten Jahrhundert zu besichtigen, danach führt mich der Weg in die Fußgängerzone mit ihren kleinen engen Gassen und Winkeln. Dort kehre ich in ein Gasthaus ein, um ganz frischen Fisch zu essen, denn der Fischmarkt animierte mich gerade dazu. Zum Fisch genieße ich ein Glas Weißwein und lasse den Tag ganz gemütlich ausklingen.

Lange und entspannt schlafe ich mich aus, genieße mein Frühstück in der Pension und mache mich ganz gemütlich auf den Weg nach Tropea, das im schönen Kalabrien liegt. Heute steht nur Motorradfahren auf dem Programm und anschließend ein paar Tage ausruhen, in einem schönen Strandhotel mit All Inclusive.

Meine V-Strom springt wie immer sehr gut an und ich fahre aus Bari auf die Autobahn A14 in südlicher Richtung. An Acquaviva delle Fonti und Gioia del Colle vorbei bis Palagianello, um dort über die Straße SP14 auf die Schnellstraße SS106 oder E90 bis nach Sibari zu fahren und dann auf die Straße SS534 oder E844 zu wechseln. Danach führt der Weg auf die Autobahn A2 in südlicher Richtung bis Olivara. In diesem Ort wird auf die schöne Küstenstraße SS522 gewechselt und immer am Meer entlang bis Tropea gefahren. Die ganze Route ist ein Traum und führt zweimal am Meer entlang und über das schöne bergige Inland Italiens.

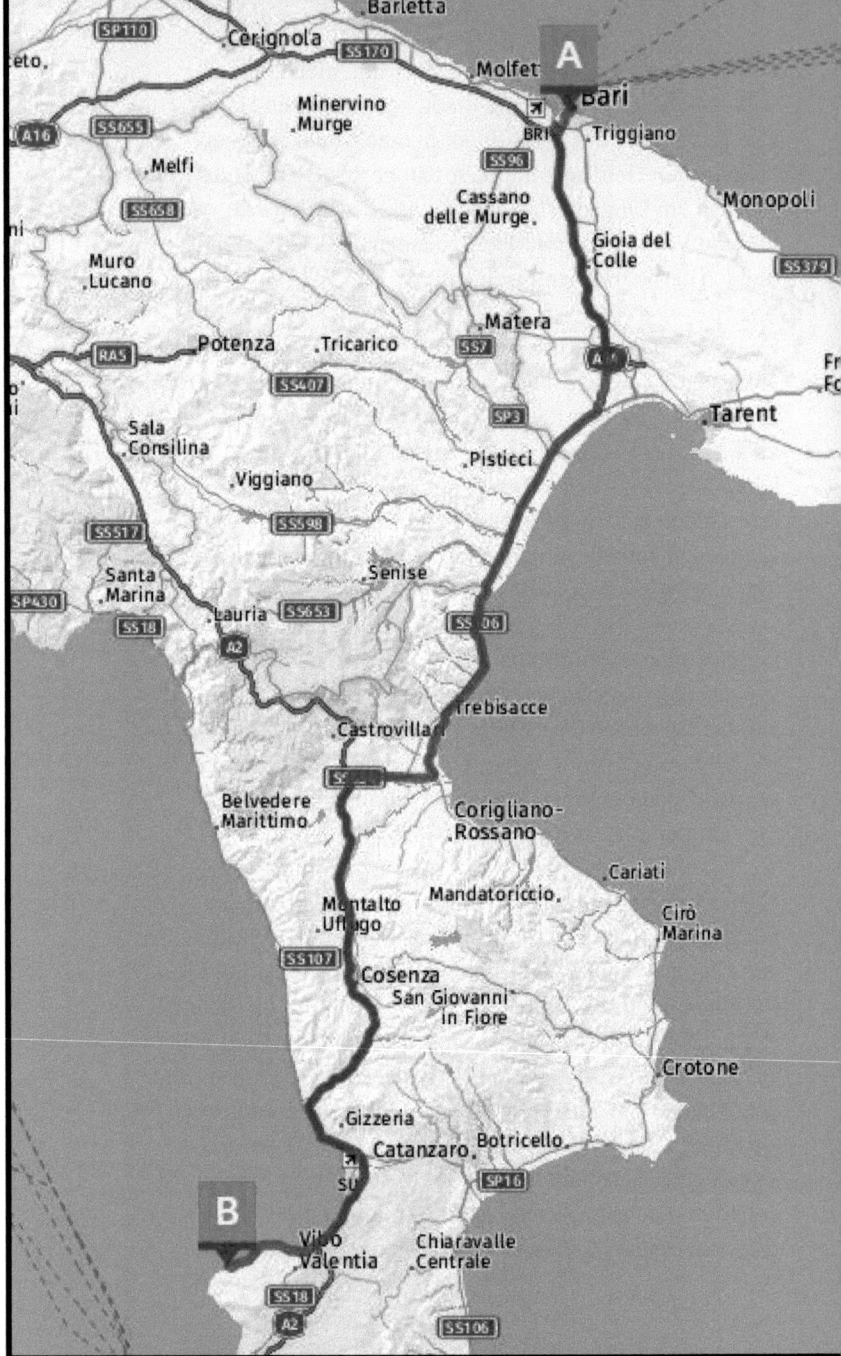

Die Fahrt ist ein Genuss und zeigt Italien von seiner landschaftlich schönsten Seite. Für die über dreihundertachtzig
Kilometer lange Distanz benötige ich rund fünfeinhalb
Stunden reine Fahrzeit. Aber nur weil ich nicht hetzte,
sondern immer einen Blick auf die Landschaft hatte.
Die Straßen sind von ganz unterschiedlicher Qualität,
aber das ist auf dieser schönen Strecke nicht so wichtig.
Es ist für die Autobahn diesmal keine Maut zu bezahlen,
was mich natürlich sehr freute.

Im gebuchten viereinhalb Sterne Hotel "Rocca Nettuno"
in Tropea werde ich an der Rezeption sehr freundlich
empfangen und erhalte einen guten Stellplatz für mein
Motorrad, der schön im Schatten liegt. Das gemütliche
All-Inclusive-Resort mit Blick auf das Mittelmeer liegt
inmitten einer Gartenanlage auf einem Steilufer. Mit
einer wunderschönen Aussicht auf das Meer und eine
kleine Insel, liegt zwischen dem Hotelgebäude und
dem Klippenrand zum Meer die gefällige Poolanlage.
Das Einzelzimmer kostet mich pro Nacht rund achtzig
Euro. Das ganz besondere an dem Hotel ist die geniale
Lage und dem Aufzug der von der Plattform der Pool-
ebene durch die Felsen direkt hinunter zum schönen
hellen Sandstrand führt. Die geräumigen, aber einfachen
Zimmer sind mit Flachbildfernseher, Schreibtisch und
Minibar, so wie einer Sitzecke ausgestattet. Das gebuchte
Zimmer hat einem Balkon mit schönem Meerblick.

Nachdem die üblichen Wartungsarbeiten am Motorrad
abgeschlossen wurden und der Tank voll ist, richte ich
mich gemütlich in meinem Zimmer ein. Anschließend
gehe ich zum Essen und probiere ein paar Getränke an
der Bar aus, denn wozu habe ich schließlich All Inclusive
gebucht. Am Abend vertrete ich mir noch ein wenig die
Füße in der kleinen Stadt Tropea, die so romantisch liegt.

Die Kleinstadt Tropea liegt an der Ostküste der süditalienischen Region Kalabrien. Sie ist bekannt für ihre auf
einem Felsen gelegene Altstadt und ihre schönen Strände.
Die Kathedrale aus dem zwölften Jahrhundert wurde auf
einem byzantinischen Friedhof erbaut und verfügt über
einen Sarkophag aus Marmor und ein Bildnis der Maria
von Romania, der Schutzpatronin der Stadt. Ganz in der
Nähe befindet sich ein Aussichtspunkt mit Blick auf die
schönen Felsformationen. Bei klarem Wetter reicht die
Sicht bis zur Vulkaninsel Stromboli und den anderen
liparischen Inseln. Unweit des Zentrums befindet sich
vorgelagert die auf einem Felsen gelegene Wallfahrtskirche Santa Maria dell' Isola. Das wunderschöne zwei-
stöckige helle Gebäude sieht aus wie ein kleines Märchen-
schloss auf einer Bergspitze.

Geschichtlich wurde Tropea im ersten Jahrhundert nach
Christus von Plinius dem Älteren erwähnt. Der Legende
nach lautet der ursprüngliche Name "Herkuleshafen",
weil Herkules sich hier nach seinen Abenteuern zur
Erholung niedergelassen haben soll. Seit dem siebten Jahrhundert war Tropea Sitz eines Bistums. Um tausend nach
Christus entwickelte sich Tropea zu einer wohlhabenden
Ortschaft und wurde im Zuge des Feudalismus, begünstigt
durch Steuer- und Verwaltungsfreiheit, von zahlreichen
adeligen Familien bewohnt. Im dreizehnten Jahrhundert
baute man Tropea zum Schutz gegen den Einfall von
Sarazenen in seinen jetzigen Zustand um, thronend auf
einem Felsen vierzig Meter über dem Meer. Im Laufe der
Jahrhunderte verursachten regelmäßige Erdbeben schwer-
wiegende Schäden in der Stadt, so dass die Einwohner
nach jedem Beben die Stadt auf den Ruinen neu errichteten,
wie es die archäologischen Ausgrabungen aus dem neunzehnten Jahrhundert beweisen.

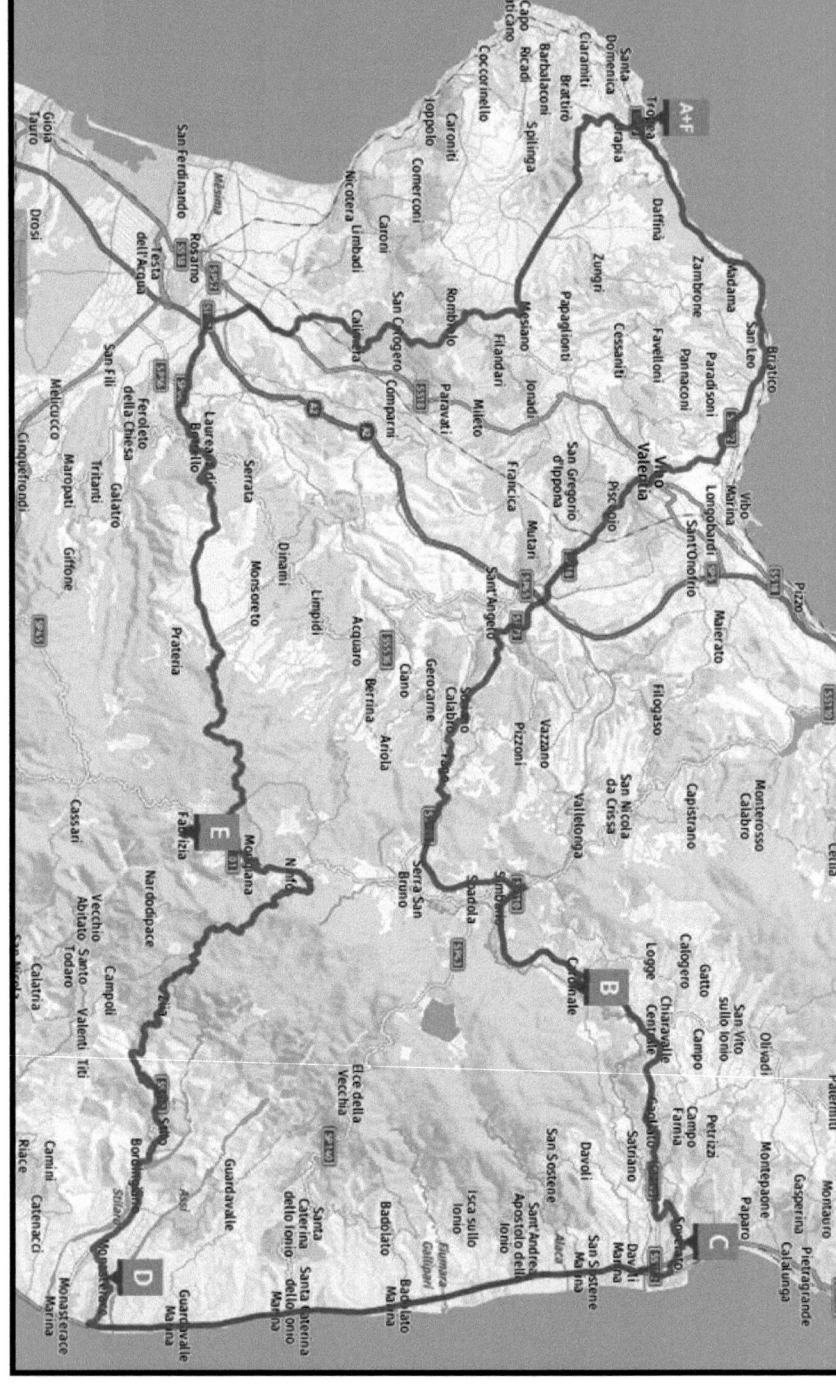

Im neunzehnten Jahrhundert war Tropea ein reiches kommerzielles Zentrum und behielt bis achtzehnhundertsechs seine Unabhängigkeit als Stadtstaat. Erst die Ankunft der Franzosen kennzeichnete den danach stattfindenden langen schleichenden Zerfall der Stadt, welcher erst mit dem beginnenden Tourismus wieder rückgängig gemacht werden konnte. Durch die sehr schöne Lage und die inzwischen wieder gut erhaltene Altstadt gehört der Ort zu den beliebtesten Urlaubszielen Kalabriens. Die Umgebung bietet viele kleine Felsbuchten und schöne weiße Sandstrände. Des Weiteren wurde, um Touristen anzuziehen, eine Vielfalt an Freizeit- und Unterhaltungsmöglichkeiten neu geschaffen.

Nach einem guten Frühstück schaue ich mir die Umgebung am nächsten Morgen an und entdecke das eine oder andere sehenswerte in der romantischen Altstadt von Tropea. Nach dem Mittagessen im Hotel drehe ich eine zweite Runde und teste das sehr leckere Eis in einer italienischen Eisdiele in der Altstadt und entscheide mich für eine kleine Weinprobe am späten Nachmittag, die in einer altromantischen Weinstube angeboten wurde. Ansonsten verbrachte ich diesen Tag mit relaxen im Hotel und schwimmen im Meer und im Pool, zwischen den kleinen Ausflügen in die Altstadt.

Bereits am zweiten Tag verspüre ich schon wieder das Verlangen mit meinem Motorrad zu fahren. Auf der Landkarte suchte ich mir deshalb eine schöne Rundfahrt heraus. Die ich im Nachhinein jedem Motorradfahrer unbedingt empfehlen möchte, denn die kleinen Straßen auf dieser Strecke sind bestens für das Motorrad geeignet. Es sind geteerte kurvige Straßen, die immer entweder hinauf oder hinab führen und richtig Spaß machen zu fahren. Die zweihundertfünfzig Kilometer lange Strecke ist auch landschaftlich fantastisch, wild romantisch mit kleinen Bergdörfern.

Manchmal ist das Meer auf beiden Seiten zu sehen. Nur muss man auf der rund fünf Stunden langen Etappe auf Ziegen achten, die hier gerne auf der Straße laufen. Aus diesem Grund ist in den ganz kleinen unübersichtlichen Kurven mit Vorsicht zu fahren. Das erste Mal bin ich in so einem Fall in die Ziegenherde hineingefahren, glücklicherweise ist den Tieren und mir nichts passiert. Manchmal gibt es in den Bergdörfern verrückte Hunde, die dem Motorrad hinterher rennen und versuchen in den Hinterreifen zu beißen. So etwas erlebte ich woanders noch nie. Die Dörfer liegen oftmals sehr romantisch im Tal oder auf den Bergkuppen und die weißen Häuser glänzen mit ihren roten Ziegeldächern in der Sonne. Auf einen Cappuccino kehre ich in eine kleine Straßenbar ein, ansonsten fahre ich die einsame Strecke durch, so reicht es mir sogar noch zum späten Mittagessen im Hotel.

Um die schöner Route mit den vielen Serpentinen entspannt abzufahren, einfach nur die Namen - Cardinale - Soverato - Monastrace - Fabrizia - Tropea - eingeben, oder die Tour nach der Landkarte im Buch abfahren.

Den Nachmittag und den Folgetag verbringe ich im Hotel und der Umgebung, schaue mir den Yachthafen, die Altstadt, die auf dem Felsen gelegene Wallfahrtskirche Santa Maria dell' Isola und weitere Sehenswürdigkeiten an.

Danach heißt es von diesem schönen Flecken der Erde Abschied zu nehmen und früh am Morgen, natürlich nach dem guten Frühstück, das Motorrad zu starten u. zum fünfundneunzig Kilometer entfernten Ort Villa San Giovanni zu fahren, um dort auf die Fähre nach Messina, in zwanzig Minuten für fünfzehn Euro, nach Sizilien über zu setzen. Über die kleinen Landstraßen fahre ich bis zur Auffahrt auf die Autobahn A2, die direkt bis Villa San Giovanni führt.

Die acht Uhr Fähre nach Messina erwische ich sogar noch und bin kurz vor halb neun schon wieder auf dem Motorrad, um weiter nach Catania zu fahren, denn dort will ich unbedingt den Vulkan Ätna besichtigen. Von der Fähre aus erhasche ich ein paar schöne Blicke auf die Stadt Messina u. schieße ein paar Fotos. Unter anderem sieht man sehr schöne historische Häuser mit vielen Verzierungen an den Fassaden. Etwas entfernt ist eine grüne Parkanlage und darüber ein Gebäude aus rotem Backstein mit einem rechteckigen Turm, so wie einem weiteren Turm ganz rechts vom Park, der aber rund ist und nur die Aussichtsplattform in rotem Backstein gehalten wurde, der Rest besteht aus hellem Naturstein.

Auf der Autobahn A8 fahre ich Richtung Catania und vor Fiumefreddo di Sicilia biege ich von der Autobahn ab und die Strecke führt über die kleinen Landstraßen nach Piedimente Etneo und Linguaglossa. In diesem Ort nach links abbiegen und die gut beschilderte Straße zum Ätna hinauffahren. Hier ist kein Verfahren mehr möglich, denn es gibt nur eine gut geteerte wunderschöne Serpentinenstraße zum Parkplatz des Ätna. Die Aussicht ist jetzt schon auf dieser Strecke atemberaubend. Der Ätna liegt vor mir und das schöne blaue Mittelmeer hinter mir. Es ist eine wahre Freude diese Straße mit dem Motorrad zum Ätna hinaufzuheizen. Zum Glück ist die Straße vor mir frei und die Touribusse fahren hinter mir und sind bald nicht mehr zu sehen. Hier ist die Kraft des Motors meiner V-Strom deutlich zu spüren und sie hängt wie immer willig am Gas. Die siebenundachtzig Kilometer von Messina bis zum Parkplatz am Ätna lege ich in etwas über einer Stunde zurück. Es ist richtig stark windig u. relativ kühl, obwohl die Sonne scheint, das hätte ich nicht gedacht. Schnell umgezogen u. los geht die Camerasafari auf dem gigantischen Ätna, der ein einzigartiges Panorama bietet.

Der Ätna war max. rund dreitausenddreihundertsiebenund-
fünfzig Metern über dem Meeresspiegel und ist damit der
höchste aktive Vulkan in Europa. Er liegt auf der italienischen
Insel Sizilien in der Verwaltungseinheit der Metropolitanstadt
Catania. Erst im Jahre zweitausenddreizehn hat die UNESCO
den Ätna in die Liste des Weltnaturerbes aufgenommen.

Der Ätna hat vier Gipfelkrater, dies ist der Hauptkrater,
den direkt daneben liegenden Krater "Bocca Nuova" aus
dem Jahr neunzehnhundertachtundsechzig, sowie den Nord-
ostkrater von neunzehnhundertelf und den Südostkrater von
neunzehnhundertneunundsiebzig, die etwas abseits des Haupt-
kraters liegen. Der Lavaausstoß erfolgt meistens nicht über
die vier Gipfelkrater, sondern weiter unten über den Flanken
des Bergkegels. Im Laufe der vielen Jahrtausende haben sich
dadurch mittlerweile rund vierhundert Nebenkrater gebildet,
wie z. B. achtzehnhundertzweiundneunzig die Silvestri-Berge.
Durch die ständige Veränderung am Hauptkraterrand kann
die genaue Höhe nie richtig angegeben werden, weil der
Wind und Schlackenkegel, so wie zerstörerischen Ausbrüche
oft die Form und damit die Höhe ändern. Der Umfang des
Ätna ist ungefähr zweihundertfünfzig Kilometer und er
besitzt eine Fläche von über tausendzweihundert Quadratkilometer.

Aber was sind schon Zahlen und Fakten, die Sicht über
diesem Naturschauspiel ist der Wahnsinn und sollte von
jedem mindestens einmal im Leben gesehen werden.
Die aus der Ferne glatt polierte Oberfläche, die ganz
unterschiedliche Farben von sich gibt, aber aus der Nähe
einem schwarzen bis dunkelroten, selten auch einen ganz
hellen Tongranulat entspricht. Auf ein paar Flächen siedelt
sich schon ein wenig grün an, die das Ganze noch farb-
intensiver erscheinen lässt.

Nach der Besichtigung des Ätna fahre ich über Fornazzo, Milo, Miscarello und Macchia bis zur Autobahn A18 und dann direkt nach Catania. Die knapp sechzig Kilometer lege ich in einer knappen Stunde zurück.

In Catania gönne ich mir eine längere Pause mit Mittagessen und einer kleinen Stadtbesichtigung in der City. Durch die Gassen und die Einkaufsstraßen laufe ich und schaue mir die Kathedrale von allen Seiten, so wie die Universität von Catania und den Hauptplatz ein wenig an.

In der historische Hafenstadt Catania befindet sich auf dem ausgedehnten Hauptplatz der Stadt, der Piazza del Duomo, der originelle Elefantenbrunnen und die reich verzierte Kathedrale von Catania. In der südwestlichen Ecke des Platzes findet an Werktagen der Fischmarkt La Pescheria statt, auf dem ein buntes Treiben herrscht und der von tollen Fischrestaurants umgeben ist. Deshalb habe ich hier auch einen sehr guten Fisch zum Mittag gegessen, aber nur ein Wasser dazu getrunken, denn der Tag ist noch lang.

Die Stadt Catania ist mit über dreihundertzehntausend Einwohnern nach Palermo die zweitgrößte Stadt der autonomen Region Sizilien und die Hauptstadt der Metropolitanstadt Catania. Catania ist eine der spätbarocken Städte des Val di Noto, die von der UNESCO zum UNESCO-Welterbe erklärt wurde.

Die Kathedrale Sant Agata in Catania ist die Kathedrale des Erzbistums Catania, einer zur Kirchenregion Sizilien gehörenden Diözese der römisch-katholischen Kirche. Die Sant Agata liegt an der Ostseite der Piazza Duomo und ist der heiligen Agatha geweiht, der Schutzpatronin Catanias.

Weil ich auf meiner Fähre nach Malta erst kurz vor zwanzig Uhr in der Hafenstadt Pozzallo auf dem Schiff einchecken muss, konnte ich mir Zeit lassen. Die Fähre aber erst um einundzwanzig Uhr dreißig ablegt.

Vor der Weiterfahrt brauche ich noch einen Cappuccino, der mich wieder auf Touren bringt und wach hält. Denn das war doch jetzt schon ein recht langer u. anstrengender Tag. Da ich in Italien bin, ist dies kein Problem, denn an jeder Straßenecke gibt es genug kleine Cafés um dem Verlangen nachzugehen.

Rechtzeitig starte ich meine V-Strom, um die letzten hundertfünfzehn Kilometer des Tages auf italienischem Boden zurückzulegen. Auf der Autobahn A18 über Syrakus kommt mein Motorrad recht schnell voran und in etwas über einer Stunde stehe ich vor dem Check-in der Fähre nach Malta. Fünfzehn Minuten bin ich sogar noch zu früh dran und kann ganz in Ruhe einchecken.

Nachdem das Motorrad sehr schnell und vorsichtig auf der Fähre verzurrt wurde, kann ich im Hafen von Pozzallo noch etwas vom Schiff auf die Lichter der Stadt schauen. Die Überfahrt kostete mich mit dem Motorrad siebzig Euro.

Erst als das Signalhorn des Schiffes im Hafen von Valletta ertönt werde ich langsam in meinem bequemen Sitz, um genau dreiundzwanzig Uhr fünfzehn, wach. Das war eine sehr kurze und entspannte Überfahrt für mich, denn ich habe alles verschlafen. Schnell laufe ich zum Motorrad u. fahre von Bord des Fährschiffes. Die fantastische Einfahrt in den Hafen von Malta habe ich doch glatt verschlafen.

Das Ziel meines gebuchten Hotels "Castille" habe ich zuvor schon in mein Navi eingegeben, so kam ich schnell und ohne mich zu verfahren zu meiner Unterkunft. Auch hier war der Check-in sehr schnell und freundlich, trotz der späten Zeit.

In dem drei Sterne Hotel buchte ich drei Nächte im Einzelzimmer für hundertachtzig Euro mit Frühstücksbuffet. Das Hotel liegt sehr zentral am Hauptplatz von Valletta in der Altstadt und die meisten Sehenswürdigkeiten können bequem zu Fuß erreicht werden, z.B. sind es nur fünf Minuten zum Tritonbrunnen. In dem Hotelgebäude aus dem sechzehnten Jahrhundert befindet sich das Restaurant De Robertis auf dem Dach, ein Café im Erdgeschoss, so wie ein Weinkeller und eine Pizzeria im Untergeschoss. Auf der Dachterrasse bekommt man eine schöne Aussicht über Valletta und den Grand Harbour. Das Haus ist sehr gut bewertet und ich freue mich schon jetzt auf das abwechslungsreiche Frühstücksbuffet mit frischem Obst, Joghurt, Schinken, Käse, Eiern, usw. auf der Dachterrasse mit dem tollem Ausblick über die Altstadt. In dem Zimmer mit Klimaanlage und Bad befinden sich alle Standards, die in einem guten drei Sterne Hotel erwartet werden dürfen.

Heute Abend werde ich nichts mehr essen, weil ich so erschöpft vom abwechslungsreichen und beeindruckenden, aber auch sehr anstrengenden Tagesablauf bin. Im Hotel trinke ich nur noch ein Bier, freue mich unheimlich, dass ich mein Reiseziel Malta in der wunderschönen Stadt Valletta gesund und problemlos erreicht habe. Es gab keine wirklich gefährlichen Situationen, trotz der langen Fahrt auf dem Motorrad von Illingen bis Valletta auf der Insel Malta. Das ist gerade für Motorradreisen ganz besonders wichtig und nicht immer selbstverständlich.

Dafür bin ich sehr dankbar und stoße im Stillen ganz zufrieden mit mir selber an.

Dann telefoniere ich noch kurz mit meiner Frau,
bevor mir die Augen vor lauter Müdigkeit zufallen.

Gut ausgeschlafen frühstücke ich auf der Dachterrasse bei
bestem Wetter und einer fantastischen Aussicht über die
schöne Stadt Valletta. Ein klein wenig stolz bin ich auf das
problemlose Erreichen meines Zielortes auf Malta.

Malta ist eine Inselgruppe, bestehend aus den großen Inseln
Malto, Gozo und Comino, die im Mittelmeer zwischen Sizilien
und der Küste Nordafrikas liegen. Der kleine Staat erstreckt
sich auf rund dreihundertsechzehn Quadratkilometer und es
leben über eine halbe Million Menschen auf den Inseln.
Bekannt ist Malta für seine vielen historischen Stätten, die
von der aufeinanderfolgenden Eroberung durch die Römer,
Mauren, den Johanniterorden, Franzosen und Briten zeugen.
Ebenso findet man auf den Inseln Maltas zahlreiche Festungen,
megalithische Tempel und das Hypogäum von Hal Saflieni,
eine unterirdische Anlage aus Hallen und Grabkammern von
ungefähr viertausend Jahre vor Christus, die natürlich zum
UNESCO-Welterbe zählen. Man sagt auch über den kleinen
Staat Malta, das es mehr Kirchen auf den Inseln gibt als Tage
im Jahr. Der Staat hat es zu einem guten Wohlstand gebracht
und unterhält sehr gute Krankenhäuser, Schulen, Universitäten,
usw.. Auch die Arbeitslosigkeit ist extrem gering, im Prinzip
spricht man von einer Vollbeschäftigung. Zudem ist dieser
kleine Staat in der Europäischen Union und bringt sogar Geld
in die Kassen der Gemeinschaft.

Valletta ist die Hauptstadt der Republik Malta u. sie ist nach
Fläche und der Einwohnerzahl die kleinste Hauptstadt der
Europäischen Union. Es leben nämlich weniger als sechs-
tausend Einwohner auf unter einem Quadratkilometer Fläche.

Aufgrund ihres kulturellen Reichtums wurde Valletta im Jahre neunzehnhundertachtzig als Gesamtmonument in die Liste des UNESCO-Welterbes eingetragen. Die schöne Stadt Valletta ist eine der historisch am besten gesicherten Städte der Welt, denn sie wird von einem Ring aus Bastionen umgeben. Die massiv ummauerte Stadt wurde im sechzehnten Jahrhundert von dem römisch-katholischen Johanniterorden auf einer Halbinsel gegründet. Für ihre Museen, Paläste und prachtvollen Kirchen ist die Hauptstadt sehr bekannt. Zu den barocken Wahrzeichen der Stadt zählt unter anderem die St. John's Co-Cathedral, in dessen aufwendig und schön gestalteten Innenraum befindet sich Caravaggios Meisterwerk "Die Enthauptung Johannes des Täufers". Die Stadt, so wie der Staat Malta hatte, durch seine beliebte strategische Lage im Mittelmeer, immer zu kämpfen, um sich zu behaupten. Allein das Osmanische Reich versuchte Malta über zehn Mal zu erobern.

Eine Hafenrundfahrt in einem kleinen roten Boot mit Seitenmotor unternehme ich als Erstes nach meinem leckeren Frühstück. Die Preisverhandlungen gestalteten sich als recht einfach, denn der Bootsführer zeigt mit seiner freien Hand eine drei und meinte für drei Euro führt er die Hafenrundfahrt durch. Mit ein paar Gästen fahren wir durch den wunderschönen Alt-stadthafen von Valletta. Die sehr gut erhaltenen Wehrmauern und dessen historische Gebäude sind einzigartig und wunder-schön. Das Ganze wirkt wie ein gigantisches Bollwerk aus Fels und Steinen.

Danach geht es zu Fuß weiter und ich laufe durch die Befestigungsanlage und bin noch mehr von dem massiven Verteidigungswall begeistert. Es gibt dort historische Kirchen, Glockentürme und kleine grüne Oasen, in Form von Parks zu entdecken. Ebenso beeindruckend wirken die sehr gepflegten, intakten und oft verwendeten zehn schwarzen Kanonen auf dem grünen Abschussplatz, der weit über der Altstadt liegt.

Diese historischen Kanonen werden heutzutage für Feierlichkeiten, zur Begrüßung oder Verabschiedung abgefeuert.

Im Hafen von Valletta liegen einige Superlative von Luxusyachten, sowohl rein motorisiert, als auch zum Segeln. Im Yachthafen der Hauptstadt liegt eine ganze Armada von Segelsportbooten und motorisierten Yachtschiffen. Unglaublich welche Geldwerte hier im Hafen schwimmen.

Hinter den gewaltigen Stadtmauern verläuft die recht belebte Hauptgeschäftsstraße mit allerlei Geschäften, Bäckereien, Cafés, Restaurants, Fast-Food-Geschäften, Eisdielen und gewaltigen Kirchen, dem Regierungspalast u. Marktplatz, das moderne Parlamentsgebäude, dem Theater und Museum, von Soldaten bewachte Gebäude, usw.. Überall in der Stadt sieht man die Pferdekutschen, die zum typischen Stadtbild von Valletta gehören. Ebenso typisch sind die in den dicht gebauten Stadthäusern geschlossenen Balkone, die zumeist aus Holz in der Farbe Grün gestrichen sind. Den ganzen Tag verbrachte ich in dieser schönen Hauptgeschäftsstraße, um alles zu besichtigen und um u.a. dort Mittag zu essen.

Der nächste Tag verlief in ähnlicher Form, bevor es nach der dritten Nacht wieder am frühen Morgen zur Fähre nach Sizilien ging, um die Heimreise anzutreten.

Nach meiner wunderschönen Zeit in Italien und auf der Insel Malta fuhr ich in etwa die gleiche Strecke, nur in umgekehrter Reihenfolge wieder zurück. Dieser fantastische Motorradurlaub war so eine schöne Erfahrung, weshalb ich bestimmt bald wieder eine große Motorradtour planen u. unternehmen werde.

**Widmung**

Dieses Buch entstand, um von der Motorradreise durch Italien bis Malta zu berichten. Auf der großen Tour wird ein kleiner Einblick auf die wunderschönen Landschaften und auf alte Kulturen, aus der Sicht eines Motorradfahrers gegeben. In der Hoffnung u. mit der Motivation, dass weitere Biker sich dies anschauen, um selbst die tollen Straßen und Kurven zu fahren und die Schönheiten der Motorradreise zu erleben.

Dieses Buch widme ich all den Motorradfahrern, die gerne mit dem Motorrad reisen und immer neugierig auf unsere schöne Welt sind.

Es wurde viel Freizeit gewidmet, die nötig war um dieses Buch zu erstellen, deshalb geht ein großes Dankeschön an meine kleine Familie und unseren Freunden.

Ein herzliches und liebes Dankeschön an Yvonne, die mich durch ihre Wissbegierde und manche Anmerkung motiviert das Schreiben fortzuführen und zweckdienliche Hinweise einbringt.

# Veröffentlichte Bücher von Wolfgang Pade